佛教的神通

神通可以了知前生、預知未來，能變化自在，五花八門的神通現象，讓人驚異不已。

本書對神通的本質，引發神通的原理，神通的體系及其限制，有詳細的解說與分析，除了讓我們不再受到錯誤的神通觀迷惑、誤導之外，更能進一步正確的認知神通修學時，次第清晰的理論與修學方法。

◉——目錄

出版緣起

佛法的深妙智慧，是人類生命中最閃亮的明燈，不只在我們困頓、苦難時，能撫慰我們的傷痛；更在我們幽暗、徘徊不決時，導引我們走向幸福、光明與喜樂。

佛法不只帶給我們心靈中最深層的安定穩實，更增長我們無盡的智慧，來覺悟生命的實相，達到究竟圓滿的正覺解脫。而在緊張忙碌、壓力漸大的現代世界中，讓我們的心靈，更加地寬柔、敦厚而有力，讓我們具有著無比溫柔的悲憫。

在進入二十一世紀的前夕，我們需要讓身心具有更雄渾廣大的力量，來接受未來的衝擊，並體受更多彩的人生。而面對如此快速遷化而多元無常的世間，我們也必須擁有十倍速乃至百倍速的決斷力及智慧，才能洞察實相。

同時在人際關係與界面的虛擬化與電子化過程當中，我們也必須擁有更廣大的心靈空間，來使我們的生命不被物質化、虛擬化、電子化。因此，在大步邁向新世紀之時，如何讓自己的心靈具有強大的覺性、自在寬坦，並擁有更深廣的慈悲能力，將是人類重要的課題。

生命是如此珍貴而難得，由於我們的存在，所以能夠具足喜樂、幸福，因自覺解脫而能離苦得樂，更能如同佛陀一般，擁有無上的智慧與慈悲。這菩提種子的苗芽，是生命走向圓滿的原力，在邁入二十一世紀時，我們必須更加的充實。

因此，如何增長大眾無上菩提的原力，是〈全佛〉出版佛書的根本思惟。所以，我們一直擘畫最切合大眾及時代因緣的出版品，期盼讓所有人得到真正的菩提利益，以完成〈全佛〉（一切眾生圓滿成佛）的究竟心願。

《佛教小百科》就是在這樣的心願中，所規劃提出的一套叢書，我們希望透過這一套書，能讓大眾正確的理解佛法、歡喜佛法、修行佛法、圓滿佛法，讓所有的人透過正確的觀察體悟，使生命更加的光明幸福，並圓滿無上的菩提。

因此，《佛教小百科》是想要完成介紹佛法全貌的拚圖，透過系統性的分門別類，把一般人最有興趣、最重要的佛法課題，完整的編纂出來。我們希望讓《佛教小百科》成為人手一冊的隨身參考書，正確而完整的描繪出佛法智慧的全相，並提煉出無上菩提的願景。

佛法的名相眾多，而意義又深微奧密。因此，佛法雖然擁有無盡的智慧寶藏，對人生深具啓發與妙用，但許多人往往困於佛教的名相與博大的系統，而難以受用其中的珍寶。

其實，所有對佛教有興趣的人，都時常碰到上述的這些問題，而我們在學佛的過程中，也不例外。因此，我們希望《佛教小百科》，不僅能幫助大眾了解佛法的名詞及要義，並且能夠隨讀隨用。

《佛教小百科》這一系列的書籍，期望能讓大眾輕鬆自在並有系統的掌握佛教的知識及要義。透過《佛教小百科》，我們如同掌握到進入佛法門徑鑰匙，得以一窺佛法廣大的深奧。

《佛教小百科》系列將導引大家，去了解佛菩薩的世界，探索佛菩薩的外相、內義，佛教曼荼羅的奧祕，佛菩薩的真言、手印、持物，佛教的法具、宇宙觀……等等，這一切與佛教相關的命題，都是我們依次編纂的主題。透過每一個主題，我們將宛如打開一個個窗口一般，可以探索佛教的真相及妙義。

而這些重要、有趣的主題，將依次清楚、正確的編纂而出，讓大家能輕鬆的了解其意義。

在佛菩薩的智慧導引下，全佛編輯部將全心全力的編纂這一套《佛教小百科》系列叢書，讓這套叢書能成為大家身邊最有效的佛教實用參考手冊，幫助大家深入佛法的深層智慧，歡喜活用生命的寶藏。

佛教的神通——序

神通似乎是永遠迷人卻又容易引發爭論的話題。許多人喜歡神通，卻無法了解神通，只能以臆測、附會的方式來理解。許多人表面上對神通嗤之以鼻，但是私底下碰到不可知或是無法解決的事情時，也往往求助於極不可靠的神通。

因爲太多人對神通充滿了好奇而無知；因此有太多人被假神通所矇騙，而造成許多的鬧劇或悲劇。其實，我們只要釐清一些基本的概念，這些鬧劇或悲劇都可避免，而且我們可以藉由對神通的正確認知，增進生命的智慧與能力。

在此，我提出一些神通的基本觀點，來與大家共同討論。

首先我們要認清楚，在佛教中神通並非等同於神蹟。當然這兩者對一般人而言，可能很難區別，但是對於想正確了知神通現象者而言，這樣的認知是極重要的。

基本上神蹟是歸因於絕對力量或神靈的力量所產生的神奇驚人事件。同此，神蹟是外在的神力所構成，而且是神異乃至神聖而不可解的。但佛教的神通，卻是由具有神通力量者，依據修持或本具的力量引發，而其神異的現象，雖然看來難以理解，但是對於具有不同層次了解神通現象者而言，卻是可以理解的。所以神蹟可以說是一種全然的信仰，但是神通卻是含有實證的理性成分，只要具足條件，是完全可以智慧理解的。

依據以上的理解，我們可以體悟佛教的神通有極爲嚴格的內義存在，一般流俗中許許多多的超自然現象，並不等同於神通。

爲了讓大家對神通有基本的理解，在此以佛教提出三種判定神通的基本原則，供大家參考：

一、神通是自主的力量：佛教神通是具有自主性的力量，在人間主要是由修行而成，自然報得的極少。因此，任何不能自主產生的神異現象，在佛教中並不被認爲是神通。所以由被附身、不能自覺等現象顯現的神奇力量，並非自主的神通。

二、神通是明晰的作用：佛教對神通有極嚴格的定義，各種神通，如天眼，是具有能清晰明照障礙外現象，及依現在現象因緣推測未來的能力；而天耳、他心、宿命等神通也是如此。此外，神足通更是具有改變物質現象的眞實作用，不是自己想像而已。因此，不確定的感應、訊息不清晰、作用似有若無等的神異現象，並非神通。

三、神通能穩定的重製：佛教的神通，並非偶然的現象，可以不斷的重顯。因此，偶然的感應或神奇現象，不能穩定的再現，並非神通。

因爲佛教對神通有如此嚴格的定義，因此，在佛教中如果是因爲條持念佛三昧、般舟三昧等力量而得見淨土，或因其他方法所顯現的一些感應力量，並不符合神通的原則，所以在經典中都認爲並非神通。

此外，佛教對神通的觀點如何呢？我們可以用以下幾點來說明：

一、神通是有限制的：在佛法中認爲神通的力量是有限的，由於神通是因緣條件所構成的，因此我們必須認知神通力有其限度的。因此，雖然神通力量似乎十分強大，但還是受到因緣條件限制，無法改變業力。因此才有「神通敵不過業力」的說法。所以，如果想用神通來去掉過去所造的惡業，或憑空得到福報，並不可能。如果以我們現有的存款、負債來做爲比喻，神通最多只能在短期中改變存付款的次序，並不能改變資產的內容。所以想以神通解厄受福，絕不可能，而且如果形成短暫的干擾，後續的情況，絕不會變好。

二、神通的力量是相對的：不同的修行、不同的因緣條件，神通力量也不相同。神通者在不同的情境、因緣與其神通力量也可能產生差異。因此，神通力量是因緣下所產生的技術，不是絕對性的力量。

三、神通是一種透過修鍊而成就的技術能力：雖然獲得神通的方式有許多種，但是佛教神通的重點還是在於禪定所發起的神通。要得到神通必須具有一定的條件，而最常見的要件則是禪定。但許多人以爲入定就能產生神通，是錯誤的。除了有些人因爲入定而引發宿世的神通之外，一般人在獲得初禪以上的定力之後，透過正確的修習方法，方能引發神通。不過，如果是一位完全體悟法界眞相的徹悟者，由於定慧都已圓具，常能自在的引發神通。

由以上的介紹，我們了知佛教的神通具有極大的理性成分，有嚴格的定義，也有次第清晰的理論與修習方法，只可惜大多數人，不能正確的認知神通，所以往往因為非理性的迷惑，而進入神異現象的迷霧當中，十分可惜。

因此，本書希望能把神通的本質、原理、體系及限制做完整的解說。希望大家能清楚的了解神通；也希望大家不要再受到錯誤的神通觀所迷惑、誤導。

神通是一種生命能力的昇華，正確的認知神通，對於邁向廿一世紀乃至未來的人類，是十分必要的。因為在未來世紀中，神通中的許多相似能力，可能會引入我們的生活，乃至未來的人類進化會讓我們具有一些報得神通的力量。因此，正確的認知神通、正確的使用神通，讓神通在智慧、慈悲的原則下使用，是十分必須的。

希望這一本佛教的神通，能撥開虛妄的神通迷霧，讓大家看到神通的眞相。希望對神通有興趣的人，乃至所有的修行者，都能正確的理解與運用神通的知識與力量，讓我們自己及人間更加的美好！

第一章 什麼是神通

爾時，菩薩以慈悲力，於二月七日夜，降伏魔已，放大光明，即便入定思惟真諦，於諸法中禪定自在，悉知過去所造善惡，從此生彼，父母眷屬，貧富貴賤，壽夭長短，及名姓字，皆悉明了，即於眾生，起大悲心。……爾時菩薩，既至中夜，即得天眼，觀察世間，皆悉徹見，如明鏡中自睹面像，見諸眾生，種類無量，死此生彼，隨行善惡，受苦樂報。

——《過去現在因果經》

什麼是神通？

要徹底了解神通，根本上必須從佛陀身上，才能找到完整的答案。

雖然不可思議的神通的現象，並不是從佛陀開始，因爲自古以來即有各種神蹟、神祕現象及超自然的神通力量，這些力量有些來自宗教或其他神祕力量的來源，所以探索這些神祕現象，佛陀並非唯一來源。

但是如果清楚要解開這些力量的根由，並非神祕不可知，甚至建構完整的理論體系、修習、掌控方法乃至合理的規約者，卻非得從佛陀開始不可。

佛陀神通的獲得，必須從佛陀在菩提樹下悟道的因緣說起。佛陀的神通，相對於一般的神通而言，是特別的、不共的。他的神通來自其成證無上正覺時，所具足的六種力量，也就是天眼、天耳、他心、宿命、如意、漏盡等六通。而這六種力量，只是一種基本分類，其實其中還孕含著其他可資發揮的力量，所以在佛力的探討中，有佛陀十力或佛陀的各種不共法，在以下的章節中會加以說明。但在此可以基礎六種神通力量來加以解說、探討。

現在，我們來觀察佛陀修行，從苦行中出離，而轉成以中道修行悟道。由此，我們也可以覺悟到，過於衰弱的身體，在修行的過程中，是難以引發高深的禪定、悟境，乃至神通的。

讓我們回到兩千五百年前，如來在菩提樹下悟道成証圓滿神通的場景，隨著佛陀的足蹟，開啓修證神通的次第。

⊙佛陀的悟道與神通

微風輕拂，尼連禪河的水那麼淨潔而安靜的流著。

這時，忽然有一個人，全身就像枯木一般的羸瘦，全身的肌肉似乎都乾枯了，皮膚就貼著骨頭，就像掛著骨架的布人一般，顫危危的拖著雙腳，沒入尼連禪河中。

他的全身都已成了灰黑色，只剩下一些淡淡的金點，用骨瘦如柴還不足以形容他的身體狀況，他的肋骨一根一根完全的浮現，而腹部也完整貼在脊骨上了。人竟能羸弱至此，而不死亡，確實也算是奇跡了。

他在水中幾乎可以說是用慢動作在沐浴著，洗浴之後，他似乎想站起來，但

佛陀在菩提樹下悟道時，以如意通降伏魔軍，並圓滿具足六種神通。

一陣暈眩，身體忽然往後倒下，幾乎要沈沒在無情的流水中了。忽然，此時，他的手攀著一枝奇蹟般垂下的樹枝，沒有被水漂流而走，他方才掙扎著起身上岸。已經六年了，佛陀在成道前，歷經了六年超越常人的苦行，他每日只吃一麥一麻，將身體折磨至此。在他終於沐浴之後，他來到了岸邊的林中，接受了牧羊女難陀波羅的供養。

牧羊女所供養的乳糜，讓他體力恢復了。他獨自一人前往菩提伽的菩提樹下，在樹下鋪上吉祥草，這就是他決心悟道的金剛寶座。他發誓道：「如果不成就正等正覺，誓不起此座！」

太子在樹下進入甚深的禪觀，他精勤的求道，引起魔宮極大的震動。

「難道悉達多太子妄想脫離我的掌握嗎？」

於是魔王派了三個可愛妖媚的女兒來引誘他，做出各種動人的媚態要讓他捨棄修行。沒想到她們青春可愛的容貌，在剎那間卻成了雞皮鶴髮，齒牙動搖的老婆婆，而羞慚的退走了。

「可惡啊！沒有人可以脫離我的掌控！」魔王現出猙獰的面貌，捲起可怕驟風，讓林中的樹木連根拔起，將四方大小村邑化為微塵。可是吹到菩薩身邊來的時候，竟連他法衣的邊緣也飄不動。

魔王立時運用法力，使空中湧現百層千層墨般黑的雨雲，降下大雨，雨勢足使大地崩塌，使森林淹沒，可是在菩薩的法衣上，卻連露水般的溼氣也沒有。

空中又下起巖石如雨，大山發出火燄，宛如山火爆發，融岩從空中飛落如雨，可是飛到菩薩的身邊，都變成了美麗的天華。

這次天上又掉下刀槍如雨，一時有無數單鋒或雙鋒的刀槍之類，發出火燄在空中亂飛。可是飛到菩薩的身邊，卻都變成了五色的寶花。

魔王使盡各種手段，都無法退卻精勤的修道者，終於撤退了。

在《阿毘曇毘婆沙論》卷五三中對這一段降伏魔王的過程，又有如下生動的描述：

當時菩薩想道：『如果與常人有所競爭的時候，都不可輕忽，何況面對的是欲界中至尊的魔王。』

於是菩薩就一心觀察離欲之道，迅速的遠離欲界欲望，生起初禪的神足通，能變化出種種相對應的境界。

於是魔眾化作鳥形來令他恐怖，他就化爲狸貓來加以捕捉。魔化爲狸貓，他就化爲狗犬驅趕。魔化爲狗犬，他就作兇猛的豹。魔化爲豹，他就化爲老虎。魔化爲老虎，他就化爲獅子。魔化爲獅子，他又化爲刀劍。魔生起火焰，他就作雨，魔下雨他就化成傘蓋。菩薩又化現琉璃宮殿安住在其中用來保護身體，卻不障礙眼睛。最後菩薩以手按大地，要大地證明自己的福德，大地發聲證明，而魔王只好率領十六億魔軍退卻。

因此菩薩爲了降伏魔王的需要，所以在菩提樹下先現起比較困難的如意通、神足通，來降伏魔王。

◉佛陀證得神通的次第

一般而言，在六通中是以天眼通較易修成的，但是佛陀在悟道前卻不是先發起天眼通，而是如意通。在《大智度論》卷二十八中解釋菩薩先得如意通的原因說：「『菩薩何以不先得天眼？』答曰：『菩薩對於諸法都是容易而無困難的，其餘的人根器較鈍，所以有難有易。』而在初夜時，魔王前來要與菩薩爭戰，菩薩以神通力作出種種變化，使魔軍的兵器都化成瓔珞。接著菩薩又繼續憶念神足通，要使其具足。一生起心念之後，即時證入便得到了。具足神足通之後，菩薩便憶念自身為何得到如此大神力，便求宿命明，而了知原來是累世所積聚的福德力所致。」

在此菩薩先獲得如意通，接著為體悟力量廣大的因由，而證得了宿命通。這就如同《方廣大莊嚴經》中所說：「在中夜時分攝持一心，證得憶念過去宿命的智慧，通觀過去自己及他人投胎受生的情況，完全了知一生、二生乃至十生、百生、千生、萬生、億生、百億生、千億生……。乃至成劫、壞劫及無量的成劫、壞劫等時空因緣的變化，完全憶知。一一的住處，不管是名或姓、長相、飲食、苦、樂、生、死等。所有的形相、住處、事業，不管是自己或他人，都完全了知。」

菩薩在得到宿命通，魔眾退卻之後，生起慈愍一切的心。這時菩薩不見魔眾，就心念著魔眾生起天眼觀察魔眾，這時見到了魔眾，卻聽不到他們的聲音，所以又生起了天耳通，來聽聞他們的聲音。

這時菩薩得到天眼通，在《過去現在因果經》中說：「這時菩薩，到了中夜，即得到天眼通，觀察世間，皆能完全徹視。就宛如在明鏡中，見到自己的面像，見到一切眾生，種類無量，從此死亡而生於彼處，隨著所行的善事、惡事，受著苦樂的果報。」

菩薩以天眼觀察，天耳聽聞十方五道的眾生。爲了了知他們的心念又生起了他心通。

終於，在金剛座上經過七日的禪觀，於清晨破曉時分，東方昇起一顆明亮的曉星之際，菩薩便廓然大悟了，證得無上圓滿的覺悟，成爲佛陀。

他在初夜獲得宿住智，中夜證得天眼智明，後夜觀察生命流轉的十二因緣，於日出時獲得一切智。

佛陀悟得無上正等正覺的同時，不但具足斷盡惱煩的漏盡通，同時也具足天眼、天耳、他心、宿命、如意通等五種神通。

以上六種神通，前五通是一般人都能證得的，但第六通的漏盡通，則只有解脫的聖者能獲得。

有一天，佛陀住在舍衛國的祇樹給孤獨園。而當時尊者舍利弗、目犍連與阿難，則住在王舍城的竹林精舍，共住於一間房舍。

當時，舍利弗尊者在深夜時就讚嘆目犍連尊者說：「實在奇特啊！尊者目犍連！你在今夜安住在寂滅正受的甚深定中。我都聽不到你的呼吸聲呢！」

目犍連回答說：「我這不是寂滅正受的證定，僅是粗正受禪定而已。其實尊者舍利弗，我剛剛是在跟佛陀說話。」

舍利弗十分驚奇的說：「目犍連啊！佛陀住在舍衛國的祇樹給孤獨園，離開我們所居的竹林精舍那麼遠，怎麼跟你說話呢？那到底你是不是運用神足通的神通力到佛陀那兒，或是佛陀用神通力來這裏，跟你說話呢？」

目犍連這時笑著說：「我並沒運用神足通到佛陀那兒，佛陀也沒有用神通力來過這裏。但是我們還是能相互聽聞。因爲佛陀與我都得到天眼通與天耳通的緣故。

「我剛剛是問佛陀：『什麼是慇懃精進。』佛陀回答說：『目犍連，如果一位比丘修行人，白天努力的經行、禪坐，以不障礙的法門自淨其行，而晚上也是安坐、經行。到了中夜睡覺時，洗足入房後，以兩足相交右腳而臥，心中繫念著明相，正念正知。在後夜起床時，也是安坐經行，以不障礙法自淨其心，這叫做慇懃精進。」

舍利弗就讚嘆目犍連說：「大目犍連，你具足大神通力、大功德力。你這樣安坐而坐，我也與你相俱得到大力……」

以上這一段故事，來自《雜阿含經》卷十八，質樸的記載著二千五百年前佛陀與弟子舍利弗、目犍連日常生活的點滴，神通的運用對他們而言，是如此親切普遍。

從以上的故事，我們看到了日常禪定的修持，超越今日的視訊電話，運用天眼通、天耳通等神通力的自在問答；更不用說能自在飛行，或瞬間移動到他方的神足通。

在佛陀與其弟子身上，我們看到了神通自然展現的樣貌。那麼，到底什麼是神通呢？神通的修習，限制與規範如何？這些大家十分好奇，又難以清楚了知的不可思議神祕風貌，在本書中將爲大家一一解開。

神通的意義

神通，是一種超乎人間能力，不可思議沒有障礙的自在變化作用，而這種能力的來源，主要是透過修習禪定與智慧所獲得。從神通的作用來觀察，主要可分成六種類型，就是天眼通、天耳通、他心通、宿命通、如意通等五通及漏盡通。

天眼通是能自在照見世間一切萬物遠近的形色，及六道眾生苦樂的種種現象。

天耳通是指能自在聽聞世間種種音聲，及六道眾生一切苦樂言語。

他心通是指能自在得知天、人、修羅、地獄、餓鬼、畜牲等六道眾生心念。

宿命通是指能了知自身乃其他六道眾生一世二世，乃至百千萬世的宿世因緣。

如意通又稱爲神足通，就是能隨意變現，身體能飛行於虛空中，翻山越海，一切行動都沒有障礙。

漏盡通，「漏」是煩惱的意思，漏盡是指斷盡一切煩惱，不再受生死而能解脫，是屬於智慧神通，這是開悟的聖者和佛菩薩所具有的神通。

由以上的解說，我們可以了解，佛教的六種神通是依佛陀在菩提樹下，爲了降伏魔王，證得無上菩提，廣度眾生所生起的六種能力，而這六種能力中，其實最重要，也是最核心、最殊勝的，是佛陀最後所得證的無上智慧神通，究竟的漏盡通。

六通是依據神通的功用而區分的。不過歷來對於神通尚有其他的分類，有些分類則依於神通獲得的方式。

如《俱舍論》中說：「神境五修、生、咒、藥、業成故。」

這是將神通的獲得分爲五種：

一、修得：這是由修行之力而發起神通。

二、生得：此即報得的神通，出生即得。

三、咒成：依持咒而成就的神通力。

四、藥成：依藥方所得的神通力。

五、業成：因業力而得的神通。在此處將生得神通與業力所成的神通，加以區分。

除了《俱舍論》外，《順正理論》及《顯宗論》也都採用此類分法。

在《宗鏡錄》卷十五中，依獲得神通的方式，將神通分爲五種種類：

1.道通：這是由於了悟實相之理，所發起的神通，神通也就是除了智慧解脫的漏盡通之外，同時具足天眼、天耳、他心、宿命、如意通等五通，也就是六通同時具足的神通。

2.神通：在此是指以禪定力所引發的神通能力。

3.依通：由於藥力、符籙、或是咒語所獲得的神通力。

4.報通：依業力的果報所獲得之神通力，如天人、阿修羅、鬼神等的通力，都是屬於此類。

5.妖通：妖怪、精靈所具有的靈通力。

在著名的談異小說《聊齋誌異》中，記載著許多鬼魅精怪的靈通力，其中常可見「狐仙」的記載。書中說孤仙居住在墳穴，常以幻術將古墳化作豪宅，被迷惑的人進到裡面接受熱情的款待，酒足飯飽，隔夜起來卻發現身在墳崗草堆之間，這種幻術就是妖通的一種。

而天上的天神，生來就具有宿命通，能知道自己從何處死亡，以何種功德投生於天上，這種與生俱來神通就是屬於「報得神通」，又稱爲「報通」。

如，《大乘義章》卷二十中，就將神通分爲四種：

1.投生於四禪天的果報而自然所得到的「報通」。

2.仙人依藥力自由飛空的「業通」（由業所得的通力）。

3.婆羅門依持咒所得的「咒通」。

4.依修禪定而得通力的「修通」。

而《華嚴大疏》卷三也以神通能力的獲得，將其分爲三種類別：

1.報得通力：指依業力的果報所獲得之神通，如天人、鬼神，生來就有神通，這類神通就是前面所說的「報通」。

2.修得通力：這是指透過修持所獲得的神通力，如佛菩薩、聲聞、緣覺，因修持持戒、禪定、智慧等三學，而獲得天通。此外，一般仙人、術士如婆羅門的仙人，道教的修鍊者等等，也有透過修持而獲得前面五通者。

3.變化通力：指佛菩薩、聲聞、緣覺等三乘聖人，能變現種種神通力。

綜合以上所說的各種分類，我們可以將神通歸納出以下五種類別：

一、鬼神所成神通。

二、呪術、符籙、藥物所成神通。

三、禪定所成神通。

四、智慧所成神通。

以下分別介紹這四種神通，希望幫助大家對神通的體系完整了解。

鬼神的神通

鬼神的神通，如前面所說，是屬於報得的神通，也就是天人、鬼神這種生命型態，生來就具有人類所沒有的超能力。

如果用簡單的譬喻來說明，就像鳥類和人類相比較一樣，鳥類能在空中飛翔，對人類而言也是一種「神通」。而狗對鬼神的感應特別敏銳，這種感應能力，也是文明人類所沒有的。只是由於這些常見的「神通」，已經被我們安立在合理的解釋範圍，而不再被歸到神秘的領域。

其實，鬼神的神通能力，其原理是相同的，然而由於我們對人類之外的生命型態的生命了解不多，加上鬼神之說往往被覆蓋上了一層神秘、隱晦的宗教面紗，一般人的態度不是盲目仰信，就是「敬鬼神而遠之」，採取避而不談的態度，或是堅決以「科學」來檢證，認定在目前的科學無法檢證的範圍下，就否定這些現象，無法客觀的觀察。

在探討鬼神的神通之前，我們首先來看看鬼神的生命型態，以及他們在整個生命界中所安立的位置。

⊙佛教的鬼神

在佛法中，將生命以存有的型態來分類，主要分成六種，就是所謂的「六道」：地獄、餓鬼、畜生、阿修羅、人間、天上等六種世界。佛法中所指的鬼、神，涵蓋的範圍很廣，如：鬼除了指餓鬼、地獄的眾生之外，還包括了介於鬼道與天道之間的夜叉、阿修羅、摩睺羅伽等非人的生命。

在這六道中，除了人和畜生之外，其餘的四道都有報得的神通力，也就是生來就具有的神通。

1.地獄法界：具足貪、瞋、痴、煩惱的眾生，造下重大的惡業，在地獄受極苦的境界。地獄中的眾生，生來就知道自己的宿世造下何種惡業而來地獄受報。

2.餓鬼法界：餓鬼道的生命，嘴巴裡面都是火焰，任何東西入口都變成火炭，無法吞食；他們的喉嚨細小如針，肚子卻大如缸、如瓶，東西想吃卻吃不到，這是因爲貪心所生。佛教在農曆七月十五的盂蘭盆節放焰口，就是要消滅餓

六道輪迴圖

鬼們口中的焰火，使他們能夠飲食飽足，因此用甘露來灑淨，止息他們的口中的火焰。

3.畜牲法界：畜牲是因愚痴而受報，這是一個互相呑食的世界，不斷地輪迴受報。鳥、獸、蟲、魚等一切動物就是屬於此道。稱爲「畜牲」，是指由人類畜養之意，主要指家畜、家禽。畜牲道的眾生，大多是弱肉強食，受種種苦，而且常被天人、人類做爲食物，或是驅使拖磨等工作，不得自由。

4.修羅法界：修羅具有天人的福報，但是沒有天德，生性好鬥、好瞋，許多大修羅王都是有和天神一樣的神通，不但能自在飛翔，而且能手摩日、月。

5.人法界：這是指我們人間。就佛法的觀點來看，天人的生活過於逸樂，修羅則瞋心太重，而地獄、餓鬼、畜牲苦報熾盛，其中只有人間苦樂攙半，適合修行，所以人是六道中的中流砥柱，是造業的主體。

6.天法界：天法界中，有以修習十種善行的福德力而往生天界的生命，也有是以修習禪定而往生天界的，這是屬於色界天、無色界天，能得到天的福報、天的勝樂身。天人具有與生俱來的神通，能知道自己因爲何種功德而投生天界，居住在虛空中，能於空中自在飛翔。

以上的六道又稱爲六凡，再加上佛、菩薩、緣覺、聲聞等四種聖者的境界，就成爲所謂的「十法界」。

以上十法界的分類方式，是主要的類別而已，在各個法界之間，並非如此截然分明。例如，有些天神，其實是具大福德的夜叉主，有時被歸爲天神之類，如毘沙門天王就是如此。一般所說的鬼神，如高級的鬼神，大多是欲界天以上的天神；而與我們最接近的，則是欲界天天神；較低級的鬼神，則是屬於多財鬼一類，大多須以牲禮祭祀。

◉佛教中的天神

佛教中的天神，稱爲天（梵語 deva），梵名音譯爲提婆，意譯爲天神、天道等。梵語 deva 有天上者或尊賢者的意思。

天人具有與生俱來的宿命通，能了知自己的前世造下何種功德，而得投生天上享受美妙的五欲快樂。而在天壽將盡時，他們的身心也會出現五種徵兆來預警，這就是所謂的「天人五衰」。日本著名的小說家三島由紀夫的作品中，就曾以此爲題，隱喻感歎人生美景消逝。

天人五衰是指天神福報將盡，臨命終時，身心所現起的五種衰敗現象。這五衰相分別是：⑴頂上華冠自行凋萎，⑵天衣出現污垢油膩，⑶腋下流汗，⑷失去定力，不再樂於本座，⑸由於身上的臭味及污垢，身邊的玉女都嫌棄遠離。

除了以上這五種衰敗之相外，還有以下的徵兆：平時天人往來轉動時，身上的美妙莊嚴器具自然會發出五種樂聲，但是當壽命將盡時，就不再發出樂音。而且身上的光明會轉而昏昧不明，平時天人身光赫奕，晝夜恆常照耀，但是將臨命終時，身光就逐漸變微小昏昧，就像燈光將盡一般。

天人的皮膚非常細滑微妙，因此沐浴後，水滴不會黏著在身上，但是將臨命終時，由於皮膚變粗糙，水滴就會附著在身上。

平時天人種種環境、生活娛樂的器具全都十分殊勝微妙，身上諸根皆如同旋火輪一般，從來沒有暫時停止。但是臨命終時，諸根則呆滯而且執著於一個境界。

天人平日身力強盛，眼目安定不會瞬動，但是臨命終時，由於身力虛弱，眼目經常瞬動不安。

在佛法的世界觀中，生命存在可以粗略分爲三種不同層次的世界，即欲界、色界及無色界等三界。而天界眾生的住處，也在此三界之中。

欲界、色界及無色界共有二十八天。我們所熟知的四大天王，他們所存在的四天王天，就是欲界初始的第一層天。

而忉利天（即三十三天）的天主帝釋天，是佛教的重要護法神之一，也是四天王天及地居的天、龍、夜叉們的統攝者。他常與其眷屬以神通化現來試鍊或是幫助修行人。

例如在佛陀的本生故事中，有一則非常著名的，就是帝釋天及毘首天曾經以如意通，分別變化成老鷹及鴿子來試鍊他的故事。往昔佛陀行菩薩道時，爲國立號尸毘迦王，國王慈愛仁恕，愛民如子，一心精進樂求佛道。當時，帝釋天王釋提恒因及毘首二天子想要試探他的心念，於是毘首天幻化爲一隻鴿子，帝釋天則化爲老鷹，追逐於後，鴿子很驚慌地飛躲到國王的腋下以求避難。而老鷹則立於國王之前，要求歸還這隻鴿子。

國王就說：「我的根本誓願，就是要度一切眾生，現在鴿子前來投靠於我，當然不能給你。」

老鷹就說道：「大王，您現在是愛念一切眾生的菩薩行者，自然會護惜鴿子的性命，但是如果你斷掉我的食物，我也會命終而亡的。」

國王不忍心見到鴿子爲老鷹所食，於是取利刃自割身肉來給予老鷹，換取鴿子的性命。而且爲了公平起見，還以天平來秤量。結果國王割了四肢身體的肉，還是不夠鴿子的份量。最後，王只好舉身要爬到秤上，以自身性命來換取鴿子活命。此時，他的全身雖然如此痛苦，心中卻充滿了法喜。

此時，老鷹就問說：「大王，你現在全身痛徹骨髓，心中是否有悔恨呢？」

大王說：「我心中沒有一絲一毫的悔恨啊！」

這時，剎那之間，大王的身體不可思議的回復了。

欲界天之上就是色界天，色界天由禪定的淺深粗妙來分爲四級，稱爲四禪天。此界有身形、有宮殿。而無色界的眾生，不再有物質現象的存在，沒有身形自然也沒有居住的宮殿、房屋等，只是心意識的或相續或靜止，也可說是在禪定中。無色界包括空無邊處、識無邊處、無所有處、非想非非想處等四個天。

⊙佛法中的鬼與羅剎

除了天界的眾生之外，提到天神，很多人就會相對的想到鬼神，佛法中的鬼是什麼樣貌呢？其實大多數人心中的「鬼」，只是一個很模糊籠統的概念，甚至由於心中的恐懼而禁忌討論這個主題。

在佛法中，對鬼道的眾生則是完全平等的，和其他生命型態一樣，有著清楚客觀的描述。

佛法中的鬼，除了如前所說的餓鬼道眾生之外，最常出現在小說中的恐怖鬼魅，應該是會吃人的夜叉。例如俗語形容兇惡的女人爲「母夜叉」就是一個生動的例子。

夜叉是常見鬼類之一，夜叉（梵文 yakṣa），又作藥叉。意譯爲捷疾、威德等，他們有的居住在地上，有的住在空中，一般的夜叉鬼會惱害人類，但也有皈依佛法的夜叉會守護正法。

通常夜叉的種類可分爲地行、虛空及宮殿飛行等三種。地行夜叉，常得種種歡樂、音樂、飲食等；虛空夜叉，具有大力，所至如風；宮殿飛行夜叉，有種種娛樂及便身之物。

夜叉經常變化作各種形貌，例如變化作師子、大象等等，或化作頭很大身體很瘦小，或是青赤色的外形，或是腹部赤色，有時一頭兩面、三面、四面等，身上長滿粗毛，頭髮直豎，如獅子毛一般，或是一身二個頭，或是斷頭，或是只有一目，牙呈鋸齒突出，或是粗脣下垂……等等怪異形貌，非常令人怖畏。

他們手中有時持矛戟和三岐戈，或是捉劍，或是捉鐵椎，或捉刀杖，常揚聲大叫，使見者恐怖畏懼，生大驚懼，心意錯亂迷醉，失去節制，猖狂放逸，飲人精氣。

⊙佛法中的八部守護神

佛法中常見的天龍八部守護神，介於鬼神之間，也屬鬼神之一，與人間有密切的關係。天龍八部包含了天、龍、夜叉、乾闥婆、阿修羅、迦樓羅、緊那羅及摩睺羅伽等護持佛法的八種守護神，這八種守護眾都具有神通。

「天」，是指大梵天、帝釋天、四大天王等天神。他們的果報殊勝，又具有光明清淨的色身，生命中充滿歡樂，能於空中飛行，而且具有報得的宿命通。

「龍」是指八大龍王等水族的主宰，龍王有神通力能依時序降雨，使世間五穀成熟，能變化成人形，能放出猛烈的火風，燒起大火，能化現巨大身，甚至可以用身體繞著巨山好幾圈，放出毒火、霹靂、閃電等種種神通變化。

「夜叉」，是指能飛騰空中的鬼神。

「乾闥婆」是帝釋天王的音樂神，善於彈琴，在印度神話中，原來是半人半神的天上樂師，以香氣為食物，又稱為香神。

「阿修羅」，意譯為非天、無端正或無滋，阿修羅性好爭鬥，時常與帝釋天

在佛菩薩講經的法會中，經常可見佛法中的八部守護神。

戰鬥。

阿修羅與天人一樣，具有廣大的神通，經典中記載著修羅王化現神通與天人戰爭的故事。有一次，阿修羅率領修羅大軍前往攻打帝釋天。修羅王站在大海水中，踞於須彌山頂，用九百九十九隻手，同時撼動帝釋天所居住的喜見城，並搖撼須彌山，使四大海的海水形成了海嘯，天宮發生大地震。帝釋天慌恐驚怖，不知道該逃往何處。當時天宮有天神，就對天王說：「大王您不要驚怖，過去佛陀曾說般若波羅蜜，大王您當一心誦持，修羅鬼兵自然粉碎！」

於是帝釋趕緊安坐於善法堂，燒焚各種名香，誠心祝禱：「般若波羅蜜是大明呪，是無等等呪，眞實不虛，我持此法，當成佛道，令阿修羅自然退散！」由於般若波羅蜜多神咒力的緣故，天王說是此語時，虛空中自然生起刀輪等武器，自然降下在阿修羅身上，於是阿修羅的耳朵、鼻子、手足等一時皆被刀輪割截掉落，大海的海水也被染得血紅。於是阿修羅生起大驚怖，無處可逃，只好現起如意通將身體化成極小，逃到池子裡的藕絲孔中。

「迦樓羅」，意譯爲「金翅鳥」，其身形十分的巨大，兩翅一張開，距離有三百三十六萬里，以龍爲食物。

「緊那羅」好像人一樣而有角，所以又名爲「人非人」，又稱爲天伎神、歌神。

「摩睺羅伽」，則是大蟒神。

這八部眾受到佛陀威德的感化，而護持佛法。

這八部守護神中，除了天人之外，大多長得十分奇特、威猛，甚至有些護法神的形像還令人感到驚恐，不過基本上都是具有善心的，歡喜護持佛法及善人。

但是由於他們的個性，有時十分的奇特，因此各自具有不同的驕慢、瞋心、脾氣、貪欲、痴迷、疑念與我執。甚至相互之間，也會因爲因緣不契相互鬥爭，經常還得請佛陀出面加以調停。像帝釋天與阿修羅之間的故事，更是最常見的例子，他們在相互爭戰時，經常戰得天崩地、日月無光，引起極大的恐慌。而迦樓羅（金翅鳥）天生喜歡吃龍，弄得龍族不得已，只好向佛陀求救，最後還是佛陀調停，才能相安無事。

⊙扶乩與靈媒

鬼神界的生命，有時會透過相應的媒介，與人間溝通，而中國民間常見的「扶乩」，西洋常見的「靈媒」，就是此類依鬼神的力量而產生的神通或鬼通。

以中國的扶乩而言，一般將「乩」分成「武乩」、「文乩」和「文武乩」三大類。「武乩」，是指「乩童作法」，被鬼神附體之後，乩童甚至可以用鐵針穿透面頰，用狼牙棒、七星錘、或利鋒刀劍砍打自己的背部和額頭，血流滿面滿背。然後口中說一些話語，旁邊就有老者側耳傾聽，然後高聲複誦，傳達神意。這是台灣各地廟宇最常見的「童乩」。而來問卜的人，大多是問疾病，或是為生活、事業上的不順遂指點迷津。

一貫道也有所謂的「仙佛借竅臨壇」，即乩手先在靜室中靜坐，等到神明附身之後，就走出靜室，到法會場所，以口述的方式，直接傳達神意，同時也有人負責將乩手所說的話在黑板上抄錄下來。這種形式就是「半文半武乩」。

此外，還有所謂的「文乩」，就是由正乩手用木筆在沙盤上寫字，旁邊有人看沙盤上的字跡，逐字報念，再由另一人抄錄下來。

在鬼神所附身的現象中，最常引起討論的，除了附身的眞假之外，再就是附身的鬼神身份，是否就是其所宣稱的鬼神。甚至我們可以發現，有的乩童被附身後所自稱的身份，並非歷史上的人物，或是一般鬼神，竟是小說中的人物，其中最常見的就是《封神榜》中的托塔天王、哪吒三太子。這些人物雖然不存於歷史上，但是由於小說的影響，深入民心，許多人確信其存在，這時，如果有相應的神識附著其上，就成了傳說中的鬼神。如《西遊記》中的豬八戒是一個例子。

在依鬼神所產生的神通之中，較高明的神通，是主事者自身在詢問的過程中是完全自主的，清醒的，而且不受鬼神控制的。在前所說的「文乩」，大部份是這種型態。

但也有一些無法自主、控制的鬼神神通，這種型態是比較不理想的，有的時候甚至是「請神容易送神難」，在被附身後就無法回到原來的生活，而走向人格分裂的不幸結局。

曾經有一個叫阿梅的女人，就是這種例子。她原來與丈夫合力經營畜牧業，後來事業不順遂而倒閉。爲了掃除霉運，她到處燒香問卜，後來她開始產生通靈的感應，自稱是「青龍公主」附身，開始建造神壇，又自封爲「通天大法師」。原來的女子阿梅似乎消失無蹤，只剩下軀殼，卻被另一個神識盤據，幾乎完全變成另一個人，家人覺得事態嚴重，才將她送到精神科治療。

高雄醫學院也曾有對乩童起乩以後不能退乩的現象，作過醫療研究的案例，這些人發病時，病人會全發抖，失去方向感，昏迷，會有幻聽與幻視的症狀，會以奇怪的腔調宣稱自己爲某位已死去的祖先，就像被附身一般。

然而，不管附身的神識是否如其所說是自稱的某個神明、祖先，這種當事者無法控制、自主的通力，都不是神通的正途，有時嚴重的話，甚至會造成人格分裂、妄想症等。這就好像我們把車借給自己不了解的人，人家並不會珍惜愛護，更何況是把身體借給別人用，對象是誰，自己並不清楚，而附體的鬼神也不會珍惜，以致當事者的人生走向悲慘的深淵，不可不愼！

咒語、符籙、藥物的神通

⊙咒語的神祕力量

咒語、咒術，一般是指難以用言語說明，具有特殊力量的秘密語言，通常是作祈願時所唱誦的秘密章句。原來是向神明禱告，令怨敵遭受災禍，或要袪除厄難、祈求福佑時所誦念的密語。

眞言、咒語是由音聲發展出來的，而音聲和語言文字在人類文化的發展上具有不可思議的力量。傳說倉頡造字時，天地鬼驚神泣，文字和語言的創造，使文化、佛法、心靈產生了絕對的變化，在生命的發展上是很不可思議的，這是眞言能產生力量的原因。

如果從更高層來看，人類在很深沉很寂靜的狀況下，就像印度婆羅門教的修行人，他們在修習禪定時，在寂靜無聲的森林裡，靜靜地坐著，最後能聽到自己身體裡面的聲音、自己的心跳，身體每一個部位的聲音都聽得到。在愈來愈深的寂靜裡，他們發現身體裡竟然會產生流動，身體裡的氣息和通道共振，產生了種種聲音。

這些原理，都是眞言和咒語可以產生力量的原因。

早在印度古代，就有咒術的存在，而在佛陀出世前，咒語就已經在印度相當流行了。這點由經典中常舉出一些咒名，可見一斑，如《長阿含》卷十三的〈阿摩晝經〉及卷十四的〈梵動經〉，就舉有水火咒、鬼咒、剎利咒、支節咒、安宅符咒、火燒鼠嚙解咒等咒名。而《四分律》卷二十七、《十誦律》卷四十六等，也出現治腹內蟲病咒、治宿食不消咒、世俗降伏外道咒、治毒咒、治齒咒等咒名。而在密教典籍盛行之後，密咒更成爲修行過程中極爲重要的法門。

佛教的咒語是如何產生的呢？其實這可以說是愛好神秘的印度人，其民族性的自然流露。他們往往相信超自然力量的存在，而且認爲超自然界與人類並不是完全沒有關係，人類如果專心的祈請，那麼以超自然界本來法爾所具有的本誓與心願爲媒介，就可以圓滿成就個人的願望，消除現實的困境與內心的痛苦，而進入解脫安穩的理想境界。

而原來修持瑜伽的觀行時，有時只是祈求諸天善神的冥助，常使人感覺到有所不足。於是，呼喚諸天的妙號，及表達祈求的意志等各種內容組合起來，就產生了持誦眞言的修行方式。眞言與本尊相應，確實會發起神通的力量。

日本「修驗道」教派始祖役小角，就能以咒術產生騰空飛行的神通。役小角自小敬信三寶，而且善於咒術。在三十二歲那年，他於岩窟中安置孔雀明王像，草衣木食，持咒觀法長達三十多年。

他在山中以藤葛爲衣，松果充食，持孔雀明王咒，駕五色雲悠遊仙府，役使鬼神，有一次，因爲從葛木溪到金峰山之間的路途危嶮，役小角就命山神帶領眾鬼神駕石橋通行路。

在道教中，認爲「咒」是天神的語言，又稱「神祝」、「神咒」等。《太平經》卷五十中說：「天上有常神聖要語，時下授人以言，用使神吏應氣而往來也。人民得之，謂之神祝也。」咒語被認爲具有感召神靈、役使鬼神的作用。太平道爲人治病除使用符水外，也使用「祈祝」，也就是咒術。五斗米道對符咒的使用更加廣泛。其後咒術日趨發展，使用範圍日益擴大。《道藏》中就有許多涉及咒術的經書。在道教中，咒的名目很多，每一個符都由相應的咒與之相配，無符相配的單獨使用的咒更多，在齋醮儀式中，更是離不開各種神咒。

⊙符祿、藥物的神通

除了咒語之外，符籙也是一種獲得神通的方法。一般人提到符籙，大多會直接聯想到道士的符籙，「符」又稱「符圖」、「神符」等。根據道教的說法，符是道士從天那裡得來的，獲得的方式有兩種：一是天神將符在天空似雲彩顯現出來，道士描錄下來以傳世；一是天神直接傳授給某一位相應的道士。

在《後漢書．費長房傳》記載，費長房曾畫一符，並說此符可以「主地上鬼神」，「能醫眾病，鞭笞百鬼，及驅使社公」。後來，他「失其符，爲眾鬼所殺」。可見在道教創立之前，符就是方士們用以驅鬼治病的手段，後爲道士採納沿續使用。

《太平經》卷一〇八七中說，後聖李君傳授青童大帝的二十四訣中，就有《服開明靈符》、《佩星象符》、《佩五神符》等。「服」就是將神符焚燒成灰，和水呑下；「佩」則是將神符按照規定佩載。據說服符、佩符都能達到「災害不能傷，魔邪不敢難」的功效。

五斗米道同太平道一樣，以符水爲人治病，以符咒召劾鬼神。魏晉南北朝以來，符圖之術更加興盛，如葛洪雖然是金丹派道士，但也非常重視符圖，認爲把丹書符字釘於門戶或樑柱上，可以避邪，佩符入山，可以避虎狼。

除了眞言與符籙之外，以藥物所成神通，也經常可見。

早在戰國時，就流傳著嫦娥服食西王母不死之藥以奔月的故事，許多方士也熱衷於尋求仙藥。其時所謂仙藥，是以靈芝一類的草木藥爲主。而道教的爐丹，也求取長生不老能力常用的方式。

禪定的神通

神通是透過修鍊所成就的一種技術能力，而要得到神通，必須具有一定的條件，其中最常見的要件則是禪定。然而，是不是一入定就能產生神通呢？不是的，除了有些人因爲入定而引發宿世的神通之外，一般由禪定所成神通，是在獲得初禪以上的定力之後，透過正確的修習方法，才能引發神通。

在《釋禪波羅蜜》中說，有的修行者，在到達初禪的境界時，即能通達世間相，引發神通。身心昇華成色界四大，清淨造色眼成就，以此淨色之心眼，徹見十方一切之色，事相分明，分別不亂，而產生天眼通。其天耳、他心、宿命神通，也是如此。由於得五通的緣故，能明見一切眾生種類，及種種世界相貌，一一不同，所以經中說：「深修禪定，得五神通。」

在獲得神通的原因中，禪定是很重要的一者，也是佛教神通討論主要的範疇。佛陀住世的時候，比丘獲得神通大都是從禪定中所引發。禪定所引發的神通，又可分爲自然發起的神通，及在禪定的基礎上修學才獲得的神通，也就是

《釋禪波羅蜜》中所說的「自發」及「修得」兩種方式。

文中說：「自發者，是人入初禪時，深觀根本世間三事，能通達義世間相。覺義世諦時，三昧智慧，轉更深利，神通即發。」「修得五通，見事世間者，如《大集經》言：『法行比丘獲得初禪，入禪已，欲得神通，繫心鼻端，觀息入出，深見五萬九千毛孔息之出入，見身悉空，乃至四大，亦復如是。如是觀已，遠離色相，獲得神通，乃至四禪，亦復如是。』」

現在一般常見的許多現象，很多是在坐禪時所發起的，一般不了解的人都把這種現象當做神通，其實大部份都只是些微的感應現象，嚴格來講，這算不上是眞正的神通。例如，有人在靜坐時，看見光、看見佛像，其實，這並沒有什麼奇異之處，在醫學報導中說，用微電流刺激到神經區的某一部份，例如刺激到聽覺神經區，就可能會聽到以前常聽到的音樂，刺激到視覺經神經區，就可能看到以前熟悉的影像，這些並不是外來的，而是儲存在腦中的記憶，由於受到某種刺激，我們的腦部就像電腦一樣開始運作，自動將以前的記憶檔調出來。所以我們聽到的音樂，看到的影像，是自己腦中放出來的，可能是今生，或宿世以來的記憶，並不是神通。

但是有的人偶而有這些現象之後，就以爲自己受到天啓，是某某佛菩薩的化身，而週遭的人也加以附會，失去了理智判斷的能力，一味盲目的崇仰。卻不知道這根本不算是神通，最多是些微的感應，卻被誤認爲是神通。

例如，有的人在靜坐時，在靜坐中忽然看到塔廟寺院、佛像、經典三藏，各種供養莊嚴，有清淨僧眾，雲集法會。這種現象是因爲過去、今生敬信佛、法、僧三寶所生起。這是過去世所行的善行，由於今生修學禪法，心思澄靜，因爲這種寂靜的力量所發起的現象。這種現象稱之爲「善根發相」。而這種力量並非自發性獲得，也不能自主，是突然而得，不是屬於禪定神通的範圍。

善根發相，或者於靜心當中，發起信心尊重三寶，心樂供養，精勤勇猛，而無懈怠，這乃是過去、今生信敬三寶習因所發起的善根發相。

有的人不了解，以爲這是佛菩薩的加持，或是代表某種神喻。其實，「外善根發相」，就是我們過去生中好的因緣所儲存下來的種子，儲存在潛意識中，由於受到修習定力或某一個因緣而起，這純粹是腦中的記憶，就好像在夢中見佛一樣，如同夢幻泡影，如《金剛經》所說的「見一切諸相非相」不可執著。

智慧的神通

除了前述三種引發神通的因緣之外，最高明的神通，是屬於智慧的神通。智慧所成神通，是完全體悟法界眞象的徹悟者，由於定力與智慧都已經圓滿具足，所以能自在的引發神通。這是佛法特有的神通，是由於對一切所緣的現象，心中都能清楚明瞭，沒有混淆，對宇宙萬象的體性，都能了悟其現前是空、如幻，而能使各種現象交互作用無礙，這也就是《宗鏡錄》中所說的「道通」。

綜攝以上鬼神所成神通，咒術、符籙、藥物所成神通，乃至禪定所成神通、智慧所成神通，無論擁有神通者是否由悟入實相而發起的，緣於法界體性現空一如的緣故，一切現象都能交互映攝無礙，所以，不管是由體性悟入實相而發起神通，或是以禪定中專注的心靈力量引發神通，或是依咒術、符籙等他力所引發的神通，雖然有的並不究竟，但是因爲空而無分別，依照此緣起，都能引發不同層次的神通。

神通與超能力

在一般人的觀念中，經常將超能力誤當成神通。什麼是超能力呢？超能力，泛指某些特異人士所具有常人所沒有的特殊能力。常見的超能力如：預見尚未發生的事，以念力使湯匙、鐵鏟等彎曲，心電感應、通靈等。這些現象常被誤認為成神通，其實神通與超能力是不同的。

超能力的起源，可以回溯到原始時代，當時由於人類對未知領域力量的敬畏，因而有巫、祭司，擔任人類與超自然現象間的媒介，而這些神祇的代言人，透過祈禱、咒語、占卜等方法，也能具足一般人所沒有的神通能力。

⦿預知未來不代表能改變未來

在超能力的現象上，預知未來是常見的一種。對於不可知未來的茫然與希望掌握，讓預知未來成了一種令人嚮往的能力。

其實，在災難的感應預測能力上，自古以來，動物一向有著比人類更敏銳的

感應能力，例如，在著名的《山海經》中，就記載著中國原始時代，許多奇異動物的出現，都被視爲不同災難的前兆。書中記載：「

有獸焉，狀如禺而四耳，其名長右，其音如吟，見則郡縣大水。

有鳥焉，其狀如梟而一翼一目，相得乃飛，名曰蠻蠻，見則天下大水。

有鳥焉，其狀如翟而赤，名曰勝遇，是食魚，其音如錄，見則其國大水。」

以上這些動物出現時，預示了水災的降臨。

然而，這種預知的能力，是否同時代表著有能力能免除災難呢？答案都是否定的。

美國總統林肯被暗殺之前，也曾在夢中預見自己的死亡。

在某一天的清晨，林肯在朦朧中似乎做了一個夢，夢中他聽見一陣陣悲傷啜泣的聲音。他沿路尋找那聲音的來源處，穿過整個白宮，直到進入一個小房間，看見房間裡擺了一口棺木，上面覆蓋著美國國旗。夢中，林肯詢問在那裡負責看守的衛兵是誰死了？

「是總統！」衛兵回答：「他被暗殺了！」

雖然林肯總統在夢中預見了自己的死亡，卻無法逃過一劫。可見預知災難的能力和解除災難的能力，並不一定畫上等號。

儘管如此，種種奇特的超能力，一向令人好奇，中外也都不乏此類的記載。而在外國，也有許多對超能力的研究。例如英國「靈力研究協會」，從十九世紀末早期起，就收集了許多自然發生的念力案例。念力是一種僅由意識的影響，而改變物體狀態的現象，例如用意念來移動物體、把金屬湯匙、鍋鏟折彎、改變骰子出現點數的機率等等。

其中如果念力事件具有破壞性，而且與某一個人有關，在某一段時間重複的出現，例如家裡的鐘無緣無故停止或走動、牆上掛的東西突然掉下來、書架倒榻、燈炮壞掉或爆炸等等，這種現象則被賦予一個專有名詞——「搗蛋鬼」。

⦿當超能力變成軍事武器

當蘇聯對人類的超能力進行積極的研究時，引起世界各地軍事與安全官員的高度重視與關切。

他們進行的研究，包括心靈致動能力、以指尖閱讀書報、讓物體、人飄浮空中、心電感應能力等。科學家們致力於超心理學及心靈學等，相關的各項研究與理論概念的建構。

在東歐的許多地方，心靈科學的研究也非常盛行。在捷克甚至藉由密集的訓練和催眠，來提升人類的超自然能力。經過長期訓練的實驗者，在進行的猜圖卡實驗中，十有九次都可以完全命中。

蘇聯積極開發人類超能力的領域，引起世界各國的重視，不是沒有道理的。有消息指出，蘇聯所從事的超能力研究，可以對人們的行爲產生心靈致動的影響，並以此來改變他們的情緒或健康，甚至只需以心靈力量，就能在遠距離奪人性命。

這種超乎常人的力量，可說是「水能載舟，亦能覆舟」，當超能力被運用於軍事、戰爭時，將是什麼情況呢？在一九七三年，蘇聯領導人布里茲涅夫的一場演說中，曾暗喻：「這將是一場比核子武器更可怕的戰爭型態。」

⊙神通並非神蹟

此外，宗教的神蹟也常被視爲超能力的現象，然而，在佛教中，神通並不等同於神蹟，儘管在一般人看來是很難分別的。如耶穌以觸摸治好病人就是一個例子。

在《聖經》中，曾提到耶穌所示現的神蹟。當初耶穌從外鄉再度回到迦百農的時候，有一些中風病患被抬來他的住處，請他治療。然而，耶穌的身邊擠得人山人海，根本無法靠近。於是病患的家人就拆了屋頂，將躺臥的病患連床褥一起垂下來，送到耶穌面前。

這時候，耶穌只說了一句話：「起來，收拾床褥，然後回家吧。」神奇的是，長年躺臥無法行動的病患，這時不但能輕輕易易地站起來，而且還同健康的人一樣，能走路回家了。

神蹟與神通有什麼不同呢？基本上，神蹟是由歸因於絕對力量或神靈的力量所產生的神奇事蹟，是由外在的神力所構成，是神異，乃至神聖而不可解的。而佛教的神通，只要透過正確的方法來修學，是每個人都可能達到的。而神通神奇的現象，看起來雖然不可思議，但是只要了解其原理，就會發現神通並不神秘，是可以以理智來理解的，這種實證的理性成份，和宗教神蹟的全然仰信是不同的。

⊙超能力者的困擾

在前述的這些超能力中，我們可以發現，這種能力大部分並不穩定，很多是突然之間莫名奇妙的獲得，又不知所以的消失，無法由自己控制。無法自主的超能力，有時會帶給當事者極大的困擾，甚至危險。

例如有的人，天生就具有「陰陽眼」，白天人找他相命，晚上鬼找他聊天，一出門，上高速公路，到處都有另一個空間的殘骸鬼魅在向他招手，想不看都沒有辦法。這可能是沒有通靈能力的人無法想像的。

一個擁有神通者，必須具足比一般人更大的定力和智慧，才能過著正常的生活，不但不被神通所迷惑、困擾，甚至進而以神通作爲度化眾生的方便。

中國大陸以搬運的特異功能而轟動一時的某位奇人，原來是一個鉛礦廠的工人，當他特殊能力被發覺之後，逐漸被神化成爲一個無所不能的超人。

後來，他被調到市裡的公安局來工作，當局希望借重他的功能，來發現小偷、流竄作案的歹徒、扒手。這位奇人剛開始擔任外勤工作，任務是經常在電車上、公共汽車上巡視。不少作案的小偷都確實無所遁形。

但是，有一天，他在百貨公司看到一雙高跟鞋，想買來送給女友，但是錢又不夠，他想著想著，搬運功能突然自動出現，高跟鞋進了手裡裝菜的網兜，而被售貨員當場抓住。他雖然直喊冤枉，卻也必須接受法律的制裁，坐了幾年牢。

此外，無法自主、莫名奇妙的超能力，甚至造成生活中的危險。

在一九六七年十一月德國巴伐利恩鎮的某一家法律事務所時常發生怪事：如電燈無緣無故爆炸、電燈時熄時亮、保險絲常燒斷、常聽到奇怪的響聲、電話被干擾。律師請了電力及電話公司來檢查維修，並裝上偵測設備，結果仍然發現電力時常不穩定，後來才發現，這個現象與該事務所僱用的一位女孩有關，每當這個女孩早上上班走過辦公室的入口，身後的電燈就開始閃爍，亮度開始增加，甚至爆炸，碎片也會飛向她。雖然這帶給她莫大的困擾，卻無法去除這種能力。

除了預知未來、心靈致動的能力之外，飄浮在空中也是常見的超能力之一。

在十七世紀左右，有一位修士每次只要情緒激動，就會騰飛至半空中。他原本是一名義大利鄉下的單純農夫，年輕時便開始進行宗教苦修。到了二十二歲，他成爲修士以後，突然發現自己具有飄浮的能力。然而，這種超能力卻爲他帶來莫大的困擾。例如，某次在一場星期天進行的彌撒中，他突然騰空飄起，飛到點有燭光環伺的祭壇上方，灼傷了自己的身體。又有一次，他在散步時，忽然間飄浮到花園裡的橄欖樹上，無法下來，還好另一位修士趕緊搬了梯子來才把他救下來。

除了前述的超能力外，以心靈力量來使湯匙等金屬彎曲，也是常見的超能力。這種現象被稱爲「超自然」或「心靈致動」的金屬彎曲現象，科學家認爲，精神力量是導致湯匙彎曲的原因，但是，這些能力的展現，並非隨時隨地都可以隨心自主的。

在一九七五年《自然》期刊中記載：「除非參與實驗的每一個人都處於放鬆

的狀態，否則心靈致動的現象是不會發生的。」

在巴西有一個小男孩，當他看到電視上有人表演以念力彎曲湯匙，就依樣畫葫蘆，也以心靈致動的超能力弄彎了湯匙和叉子。接著，他還繼續以他的特異功能彎曲了家中其它金屬用品，讓他的媽媽傷透腦筋。這個頑皮的小男孩在接受採訪時，提出一個有趣的看法：「整天做這種事實在很浪費時間，我倒寧可去踢足球。」

超能力的現象五花八門，只是擁有超能力之後，對自己及他人的生命有什麼助益？這或許是在感到奇異炫目之外，我們可以思考的。

神通的檢驗標準

由前面所提到的例子，我們可以發現，現在一般所流行的靈異現象，在程度上與嚴格定義的神通有極大的差異，大多只是一種靈通感應或深層意識的作用。

綜合前述所說的超能力現象，我們可以發現這幾個共通點：

1. **這些能力都是突然之間獲得，不知從何而來，然後突然間消失。**
2. **這些能力大多無法自主，不能自在顯現，而是在無法控制的情況下發起。**
3. **無法自制的超能力有時會帶給當事人極大的困擾，甚至危險。**

而佛教的神通則不然。佛教對神通的定義非常嚴格，而且有清楚的驗證標準。

我們可以依據以下三個基本原則來判定：

一、佛教的神通是具有自主性的力量：在人間的神通力量，主要是由修行而成，與生俱來，自然報得的極少。因此，無法自主的神異現象，在佛教中並不被認為是神通。依照這個準則，許多被附身、不能自覺的神奇力量，並不屬於此。

在《法華經》中曾記載，行者由於持誦《法華經》的功德，而能使眼根、耳根其有極為奇妙的功能，例如能看到天上、地上、地下等種種現象，能聽到世界一切音聲，而且無所混雜。雖然這種現象與天眼通、天耳通極為類似，但是在經中卻明白的說明，這些人尚未成證天眼通、天耳通。因為這種力量的獲得，只是持誦經典的感應現象，並不是自主獲得，因此不屬於神通的範疇，由此也可看出佛教對神通的定義之嚴格。

二、神通是明晰的作用：佛教的各種神通，如天眼通，是具有能清晰明照障礙外的現象，及依照現在現象因緣，推測未來的能力，而天耳、他心、宿命等神通也是如此，而神足通更是具有改變物質現象的眞實作用，不是自己想像而已。因此，不確定的感應、訊息不清晰，作用若有似無的種種神異現象，並非神通。

三、神通是能穩定重現的：佛教的神通，並非偶然的現象，而是可以不斷的重複顯現。因此，偶然的感應或神奇現象，無法穩定的再現，並非神通。

以上三種檢驗的準則，可以讓我們清楚分辨神通的眞假，不會與模糊、不穩定的感應現象混淆不清。

由於現代人對神異現象充滿了好奇，所以不斷有以神異爲號召的人和宗教產生，而他們也多能積聚一些群眾。在歷史上也是常有的事，但是這種現象，往往只是曇花一現，很快就消散了，並不能爲人生指出一條大道。從另一方面來看，神異現象的流行，正說明了現今人類精神的空虛。

舊有的宗教、道德，不能提供安身立命之所，而藏於心靈深處的宗教需求，也並沒有消散，因此，便發展成以新的形式去尋求依皈之處。如果是走向生命的內層，追尋生命的進化是可喜的；但如果表現爲神異現象的這種粗淺的宗教行爲，如此，不但對人生無所增益，反而期望以特殊的超能力來解決人生的困境，則是入於生命的歧途了。

第二章 佛教對神通的看法

「執仗外道共打聖者大目乾連，遍身支節碎如攎葦，時舍利子自以衣裹，猶若嬰兒，持至園中，僅有殘命，極受苦痛，不久將死。」

王既聞已，深生痛惜，便與內宮太子宰相城內諸人，悉皆雲集詣竹園中。

「聖者何因忽至於此？」

答言：「大王！此是前身自作業熟，知欲如何？」

王極瞋怒告大臣曰：「卿等即宜奔馳四散，覓彼外道，若捉獲者置於空室以火焚燒。」

尊者報曰：「大王！不應作如是事，我先作業猶如瀑流，注在於身，非餘代受。」

……王言：「聖者豈非大師？聲聞衆中稱說尊者神通第一，何不飛騰，遭斯苦痛？」

答言：「大王！是大師說，然業力持，我於『神』字尚不能憶，況發通耶！如來大師不為二語，親說伽陀曰：

『假令經百劫，所作業不亡，因緣會遇時，果報還自受。』我今受報知更何言。」

——《根本說一切有部毘奈耶雜事》卷十八

神通廣大不可思議的力量令人羨慕，因此，有些人亟於獲得神通，以滿足自己的興趣或期望。但事實上，具有神通的人，就如同現代人有了汽車、火車、飛機等交通工具或其他新的器具一樣，在使用這些器具時，自然有其條件限制與規則，並不是能完全隨心所欲，而不必負責任的。如果完全不依照根本原則與現象，並且不注意到自身使用神通的極限，那可能造成自己及他人的極大危險。這就像有人輕率地開汽車或飛機一般，而造成車禍與空難，使自己及他人都蒙受深刻痛苦。

像提婆達多因爲自己的好奇與欲望而追求神通，當他獲得神通之後，又妄用神通來滿足自己的欲望，結果引發頻婆娑羅王被其子阿闍世王幽閉而亡的慘劇，並分裂佛教教團、殺害修行者，實在令人遺憾。

因此我們必須深切了知，由於神通是因緣條件所構成的，所以神通是有其限度的。雖然神通力量似乎十分強大，但還是受到因緣條件的限制，無法改變業力，因此而有「神通不敵業力」的說法。所以，想用神通來消除過去所造的惡業，或是憑空得到福報，並不可能。

如果以我們現有的資產負債來做比喻，神通在短期借款中，改變存款、付款的次序，但並無法改變資產的內容。所以，想用神通來消災解厄，或是獲取福報，是不可能的。即使暫時看似達成目的，其實可能只是改變業力、果報的順序而已，並不能改變生命總資產的內容，因爲這一切還是要靠自己的修行，如果不了解這一點，只是純粹依靠外力，對後續的情境造成的干擾，絕不會比原來更好。

神通的限制

⊙神通不敵業力

儘管佛法的神通是如此不可思議，佛陀對神通的態度是很清楚的，神通並非究竟之道，佛陀以自身爲我們做了最好的教誨。

在公元前四八六年，印度憍薩羅國的毗琉璃王，爲了報復幼時受到釋迦族侮辱的仇恨，而興兵攻打佛陀的母國迦毗羅衛國，誓願要徹底消滅釋迦族。

當時佛陀已經七十九歲了，爲了慈愍琉璃王及拯救母國，所以在琉璃王出征時，先在軍隊必經的道路中，在印度的炎陽下，高達攝氏四十幾度的氣溫中，捨棄樹蔭而靜坐於無蔭的枯樹下。

當琉璃王見到佛陀時，即下車禮佛，並問佛陀：「世尊！爲何捨棄枝葉繁茂蔭涼的好樹，而坐在惡樹之下？」

佛陀回答：「枝葉繁茂的好樹固然蔭涼，但是親族的蔭涼更勝餘蔭。」

琉璃王了解佛陀話中的含意，就撤軍了。後來琉璃王第二次、第三次興兵時，都受到佛陀同樣的勸阻。

但是，畢竟釋迦族的業報成熟了，最後琉璃王終於大舉進攻迦毗羅衛城，展開恐怖的屠城行動，城中血流成河，數百人被半身活埋於土中，哀嚎遍野，宛若地獄。佛陀的弟子看了，都非常的悲傷不忍，只有世尊心不動如山。

神通第一的目犍連尊者，得知琉璃王大軍包圍了迦毘羅衛城的消息以後，請問佛陀：

「佛陀！迦毘羅衛城受到琉璃王的侵略，我們有什麼辦法嗎？」

佛陀慈和的回答：

「目犍連！釋迦族受宿世罪業之報，這是共業所感，事到如今，果報已經成熟了，不懺悔罪業，一味驕橫，就如同腐蝕的房屋，終要倒下來的！」

目犍連尊者聽了佛陀的話後，雖然知道這是事實，但他還是想試試看，就以自己的最擅長的神通來營救釋迦族的人民。

琉璃王用百萬大軍將迦毘羅衛城，密密圍住，任何人都無法通行。於是目犍連就以神通騰空飛入城中。目犍連進入城內，在釋迦族中選了五百位優秀的族人，升到空中，用鉢把他們攝裝起來，再由空中飛出。出城之後，到了平安的地方，目犍連打開手中捧著的鉢，想放出五百位的釋迦族人，沒想到鉢中藏著的釋迦族人卻都化爲血水了！大家才知道佛陀的用意。

這是神通敵不過業力的事實，並非究竟之道，佛陀自身爲我們做了最好的說明，也是佛法面對神通的基本態度。

⊙神通不可執著

爲了度化眾生，佛陀允許弟子示現神通，但是佛陀也很清楚的告訴弟子，神通是不究竟的，不可執著。佛陀就曾對比丘尼中神通第一的蓮華色比丘尼示現神通之事，教導大眾。

佛母摩耶夫人，在佛陀誕生後七天就去世了，投生到忉利天宮。佛陀成道後，以神通力到忉利天宮爲聖母摩耶夫人說法，由於天上和人間的時間系統並不一樣，雖然佛陀只是到忉利天上說一場法，在人間卻已經過了很長一段時間，要三個月的時間才會回到人間，這使得弟子大眾都非常思慕如來。

終於，佛陀重返人間的日子來到了，四眾弟子欣喜無比，大家都齊聚在曲女城，因爲如來從三十三天說法完畢之後，即將從此處還降人間。據說當時帝釋天以神力化現黃金、水晶、白銀等三座寶階，世尊就從中間的黃金寶階還降人間。

佛陀從天上歸來，有的弟子及信眾們都想第一個見到佛陀，當時，比丘尼中神通第一的蓮華色尼，她以神通把自己變化成爲轉輪聖王，以輪王七寶爲前導，隨從者多如雲奔，如白日放出千光。看到這一壯大的威勢，大家都不禁自動讓出一條路。於是她第一個來到佛前，化爲原貌，頂禮佛足，大家看到竟然被一個女眾第一個頂禮如來，無不譁然。

她對佛陀說道：

「佛陀！弟子蓮華色第一個先來迎接佛陀的聖駕，請佛陀接受弟子的拜見！」

佛陀微笑著，慈和的說：

「蓮華色！妳不能說是第一位見到我的人！」

蓮華色非常驚奇，看看左右，大迦葉等長老才從身後趕來。蓮華色以懷疑的口吻問道：「佛陀！是誰已經在蓮華色之前，先迎接到佛陀呢？」

佛陀微笑地說：「第一個迎接我的是須菩提，須菩提這時在耆闍崛山的石窟中觀察諸法的空性，他才是眞正迎接見到我的人。見法的人是眞實見到如來的人。」

於是佛陀以偈頌說道：「空、無、解脫門，此是禮佛之眞義；如果欲禮佛者，不管是未來或過去，都應當觀空，無有實法可得，此方名爲禮佛之義。」

當時須菩提尊者正在靈鷲山平日禪修的洞窟中縫衣，他聽到佛陀回到人間的消息，本來站起來想放下手中的衣服前去迎接，正在這時，他心中忽然思惟：「如何才是眞實見到如來呢？佛陀的法身，不是肉眼可見的。我前去迎接如來，但什麼是世尊呢？是眼、耳、鼻、舌、身、意嗎？我前去見到的是地、水、火、風等四大所和合而成的如來？諸法皆悉空寂，無造、無作，正如同世尊所說的：『如果欲禮敬如來者，最勝妙的方式，就是善觀五陰、六大等自性皆空而無常，過去佛、未來佛及現在佛，皆悉無常，如果欲禮佛者，不論過去、未來、現在，應當觀於空法；如果欲禮佛者，無論過去、未來、現在諸佛，當善觀無我。』此中無我、無人，也無有形體容貌，也無有教者，無有授者。諸法皆悉空寂。何者是我？我者是無主的，我現今歸命眞法之聚。」如此思惟後，須菩提還回本處安坐繼續縫衣服，因此，如來說觀佛法身的須菩提，是第一位見到佛陀的。

⊙神通無法改變既定的事實

佛陀很明白的告訴我們，神通並不能改變既成的事實，它只是緣起法則的產物而已，並非究竟之道，目犍連尊者到地獄救母的故事，就是一個最好的實證。

夏季的印度，正值雨季，每當雨下起來時，就如同瀑流一般，道路根本無法行走，加上雨後毒蛇、蟲蝎出沒，非常危險，因此，這段期間，佛陀就帶領僧眾在精舍內專心修持，稱爲「結夏安居」。

這時，在禪修中的目犍連，繫念著母親：「自從出家之後，就不曾回家探望母親，不知道她老人家是否安好？」於是他以天眼觀察世間，竟然看到母親已經往生，而且投生在餓鬼道中，沒有任何的飲食可喫，身體皮銷骨立，瘦得骨頭與皮膚幾乎都黏在一起了，十分痛苦。

目犍連看到這種情形，心中十分的悲痛，立即以鉢盛飯，運用神通力，前往餵食他的母親。母親急忙抓起飯塞入口中，但沒想到，食物還沒有化入口中，就化成了火炭，根本無法喫食。

目犍連運用了無窮的神通威力，還是無法讓母親喫得半點的飲食。他不禁大叫悲號哀泣，自己神通廣大卻無法解除母親的業報。哀痛欲絕的目犍連，只好以神通力，馳還給孤獨園中，向佛陀哀告這樣的情形。

於是佛陀教導目犍連在七月十五日，當僧眾自恣日時，供養僧眾，以此功德爲過去七世的父母、現在世的父母，及在厄難中的人消災祈福。

在七月十五日，不管是大乘、小乘的聖者，經過三月的專注修行，修證特別圓滿，並且都會共同一心的來受用這些供養。

具足清淨戒行的聖眾，他們的道行功德宛如汪洋般廣大深遠，如果能夠供養這些自恣清淨的僧眾者，那麼現在的父母、過去七世的父母、六親眷屬，都能夠

目犍連尊者以神通力到地獄解救餓鬼道的母親。

出離，免除畜牲道的血塗、餓鬼道的刀塗及地獄道的火塗等三塗的痛苦。他們應時即能解脫，自然獲得衣食。

目犍連尊照佛陀的教誨，果然讓他的母親得以出離餓鬼道的痛苦。

⊙神通不可依恃

除了世尊的例子，佛弟子中神通第一的目犍連橫死，也為神通的不可依恃，下了感傷的註腳。

這天，王舍城的午后顯得特別陰沉、詭異，街上空蕩蕩的，大半天也沒一個人路過，只有舍利弗和目犍連，一前一後地走著，這兩位尊者，沒有想到在街的那一頭，有一群執杖外道，正商議著要如何攻擊這兩個落單的比丘。只是，平白打人，未免有失英雄作風，於是他們決定假意問個問題，再從回答中去刁難開打。

他們首先遇到舍利弗，但是一來舍利弗以他心通看穿了他們的心思，二來舍利弗的回答太深奧了，大家都不懂，也無從刁難起，於是他們放走舍利弗，等著目犍連。

事有湊巧，其實舍利弗和目犍連方才從地獄回來，並見到執杖外道的導師晡剌拏。

原來長老舍利弗與目犍連尊者在王舍城時，經常前去觀察地獄、餓鬼、傍生、人、天五趣。今天正好巡行觀察至無間地獄，當時舍利弗對目犍連說：「尊者，請爲此無間的有情息滅猛烈火之苦。」於是目犍連就昇到虛空中，於地獄上方降注洪雨如車軸輪轉，地獄中猛烈的火，就隨著空中雨有澆到之處就熄了。舍利弗看了之後，又說：「您先停一下，換我來。」於是舍利弗入於勝解三摩地，降注大雨，使令無間地獄全部化濕，皆得清涼，皆蒙息苦。

這時，他們看見執杖外道的導師晡剌拏，由於生前宣說惡邪教，舌頭上有五百鐵犁耕墾流血。他看見二位尊者，就說：「大德！您若前往贍部洲中時，請告訴我的門徒：由於我生前口說邪法，欺誑他人，由此惡業力墮於無間地獄，舌上有五百鐵犁，耕墾流血，受到極大苦惱。當我的弟子供養我的本塔時，我在地獄中身的苦痛倍更增劇，請告訴他們從此以後勿再供養，免得增加我的痛苦。」

兩人從地獄回來後，相隨共入城內，就在路上遇到晡刺拏的弟子們。

當時舍利弗尊者走在前面，目犍連尊者走得比較慢，外道們與目犍連相遇之後，目犍連就轉告他們：「你們的老師晡刺拏，由於在人間宣說邪惡法誑惑世人，現在投生無間地獄受廣大身，舌頭上有五百鐵犁，耕墾流血受到極大的苦惱，他託我回來告訴你們：他由於在人中說惡邪法，誑惑眾生，現今墮於惡趣，受耕舌苦。他叫你們不要再供養他的塔，因爲當有人供養時，他的苦痛倍更增劇。」

晡刺拏的弟子聽了之後，非常忿怒的說：「你們大家聽見了！這個禿頭沙門不但於我強論過失，連我們的大師也被誹謗，現在怎麼辦？」大家就起鬨，以木杖擊殺目犍連，把他打得遍體爛熟如肉醬一般，才一哄而散。

當時舍利弗正感到奇怪目犍連怎麼這麼慢，回過頭去找他，卻看見目連的身體完全被打碎散布於地。

舍利弗悲傷驚訝的問：「尊者！你怎麼會如此！」

目犍連回答：「這是業報成熟的緣故啊！」

舍利弗不解的又向：「長者！您不是如來聲聞眾中神通最為第一者，難道無法避免？」

目連回答：「這是業力執持之故，我於『神』字尚且不能憶起，何況發起神通呢？」

這個消息在當時極為轟動，神通第一的目犍連，如此慘死，無疑是一次震撼教育，也消除了許多人對神通無所不能的迷思，也顯現神通不敵業力的事實。

神通的用處

⊙神通是度化衆生的方便

既然神通並非究竟之道，爲什麼要學習神通呢？這是爲了度化眾生的緣故。

在《大寶積經》卷八十六中記載，如來有三種神通變化來度化眾生：

1.說法神變，如來以無礙大智了知眾生善惡業因及善惡果報，現一切神變而爲說法。

2.教誡神變，如來教諸弟子應作、不應作、應信、不應信、應親近、不應親近、雜染法、清淨法等，現諸神變而爲教誡。

3.神通神變，如來爲調伏憍慢眾生，或現一身而作多身，或現多身而作一身，山崖石壁出入無礙，身上出火，身下出水；或身下出火，身上出水；或入地如水，履水如地等，以各種神變調伏眾生。

在《撰集百緣經》中，有一則佛陀以神通教化憍慢者的故事。

有一次，如來在迦蘭陀竹林說法時，城裏正好有一位著名的舞女，具足世間聰明，辯才無礙，但是她仍有些疑惑無法明了。有人告訴她，一切智者佛陀在竹林中說法，她可以前去請益。舞女聽了之後，就和眾人一起，一邊唱歌一邊跳舞，來到竹林中。她見到世尊時，還是憍慢放逸的戲笑，並不敬奉如來。

當時世尊看見她這麼放肆，就以神力將她變成如百歲的婆婆一般，髮絲蒼白，臉上充滿皺紋，牙齒動搖掉落，俯僂而行。當時舞女，看到自己身形變化，心中恐怖驚異，心知這必定是佛陀的威神變化使她如此，於是就在佛前深深生起慚愧之心，並對佛陀懺悔：「方才我在世尊面前，憍慢自大，放情縱意。唯願世尊您能寬恕我。」世尊知道此時舞女心中已然調伏，便以神通力變化舞女之身如前一般青春無異。

當時在場的大眾，看見這個舞女，一下變老變醜，一下年輕貌美，無常變化，各生厭離，心開意解，有證得阿羅漢者，也有人因此而發無上菩提心。

此外，在佛菩薩為了教化眾生，而示現身、口、意三業之德用之中，也有所謂的三種示導。在《大般若經》卷四六九中記載，菩薩示導可分為神變示導、記說示導及教誡示導三種。

神變示導是菩薩悲憫地獄眾生受苦，示現神通力，滅除湯、火、刀劍等種種苦刑器具，使一切眾生藉此神變，從地獄脫出，出生於天、人道中，受用種種快樂。

而《俱舍論》卷二十七中，也有神變示導、記心示導、教誡示導等三種示導。這三種示導則通於六種神通中的三種，神通示導相當於神足通，記心示導相當於他心通，教誡示導相當於漏盡通。其中神變、記心是爲了降伏、化導眾生歸伏、信受；而教誡神變則更進一步，使其發心修行。

在《大智度論》卷二十五中說：「菩薩摩訶薩行般若波羅蜜時，住神通波羅蜜中，爲眾生作利益。須菩提！菩薩若遠離神通，不能隨眾生意善說法，以是故，須菩提！菩薩摩訶薩行般若波羅蜜時，應起神通。須菩提！譬如鳥無翅不能高翔，菩薩無神通，不能隨意教化眾生。是故，須菩提！菩薩摩訶薩行般若波羅蜜，應起諸神通，起諸神通已，若欲饒益眾生隨意能益。」

其中並說，菩薩用天眼觀察如恒河沙等一切國土，看見是國土中的眾生，並用神通力前往彼處，了知眾生的心想隨其所相應而爲之說法，或是說布施，或是說持戒，或是說禪定，乃至於宣說涅槃之法。又菩薩用天耳聽聞人、非人二種音聲，並用天耳聞十方諸佛所說之法皆能受持，並如所聽聞之法，來爲眾生宣說。

此外，菩薩具足清淨的他心智，用他心智了知眾生心，隨其所相應而爲其說法。而菩薩的宿命智，能憶念種種本生處，除了自憶之外，也能憶起他人的本生。菩薩以此宿命智，憶念過去一切諸佛名字及弟子眾。如果有眾生信樂宿命者，菩薩則爲示現宿命之事而爲其說法。菩薩運用如意神通力到種種無量諸佛國土，供養諸佛，從諸佛種善根還來本國。

在《大智度論》卷四十二中說：「菩薩摩訶薩欲行般若波羅蜜，諸神通中不應住。何以故？諸神通、諸神通相空，神通空不名爲神通，離空亦無神通。神通即是空，空即是神通。世尊！以是因緣故，菩薩摩訶薩欲行般若波羅蜜，諸神通中不應住。」由此可知，菩薩如果欲行般若波羅蜜多，對種種神通皆不應執著，因爲神通的體性及現象都是空幻不實的，雖然看似有種種現象，卻沒有不變的體性。

因此，在六種神通之中，佛法最重視漏盡通，再由此加修前五種神通，以此而能隨意受生，對苦樂都不染著，譬如諸佛所變的化人，能作一切事，卻不染一切苦樂。菩薩摩訶薩行般若波羅蜜時，就是如此遊戲神通，能清淨諸佛國土成就眾生。

⊙運用神通讓大衆生起信心

在《阿含經》裡，經常可見世尊示現神通來教化眾生，使其生起信心。《釋禪波羅蜜》中說：「若欲為化眾生，現希有事，令心清淨，應當廣修一切神通道力。」佛陀成道之初，就曾示現神通力，降伏祀火迦葉所供奉的毒龍，使迦葉皈信佛法。

祀火迦葉是地方上著名的長者，國王和官吏人民，都與他往來，他帶領著五百弟子，住在尼連禪河邊。因此，當時如來決定先開示教化迦葉，使其信解歡喜，信樂佛法，如此一來，其餘眾人就會隨學於他。

迦葉三兄弟原來奉事火神，在他們所事的火神室中，有一火龍，當時佛陀為了教化事火迦葉，佯裝不知，而寄宿於火龍室中。火龍在夜間，吐出煙焰，要傷害佛陀。佛陀即入於火光三昧，來降伏火龍。

這時室中火光頓起，如同猛燄炎熾，大家惟恐火龍及大火傷害佛陀，十分緊張，有的弟子甚至哭了起來。而優樓頻螺迦葉卻告訴門徒說：「依我觀察來看，未必是大火燒傷了佛陀，應當是沙門降伏了火龍。」

佛陀最後降伏火龍，置於鉢中，清晨之後，外出持示外道的門人，大眾嘆服而皈依佛陀。

◎神通是佛陀教化弟子的技巧

在佛法中是以智慧與慈悲爲修證的核心，而神通則可視爲副產品。當然從甚深的智慧神通觀察，禪定、智慧、慈悲與神通，已完全統合在一起，成爲救度眾生的廣大方便。但在基本的修習上，神通是附屬的工具。

神通除了是一種修行的副產品外，有時也會成爲一種特殊的教學工具，成爲佛陀教化弟子的方便。當然有時在需要時，神通也被認是神變示導，也就是示現不可思議的神通力，來令他人信服，以引入正法。因此，將神通視爲一種教化的工具，也是佛法教學中的一種方便。

在神通的教化中，我們現代人最能理解的，恐怕是遠距的視聽教學。現代無遠弗屆的交通及傳播工具，讓地球成爲地球村，然而，在兩千五百多年前的印度，遙遠的距離卻是聞法的實際困難。而神通除了用來教化眾生之外，也可以做爲遠距教學教化的工具。

我們在上章曾經提到，當佛陀住在舍衛城祇樹給孤獨園時，目犍連和舍利弗正在王舍城的迦蘭陀竹園遊化，二人共住在一間禪室中，佛陀曾與目犍連從事遠距教學，我們在此再簡述一下。

有一天，舍利弗與目犍連共處於一個禪室，舍利弗感覺到目犍連幾乎沒有呼吸，甚至屋中就像沒有他的存在一般。舍利弗以爲目犍連是入於滅盡正受，但目犍連卻回答他並非入於寂滅盡正受的証定，而是以天眼通和天耳通在與佛陀共語，請教修行上的問題。

在佛陀一生的教化之中，以神通能力爲教化方便所佔的比重相當高。以宿命智了知過去諸佛事蹟及弟子之本生，或是以天眼通了知眾生死後往生情形的預見，以自由來往三界、示現神變，爲天人等各種眾生說法（如意通）等等，都是如來度眾的方便。

佛陀經常以天眼通預示未來，但是並非所有的人都能信受。世尊早期的侍者善星比丘，就是一個例子。

有一次，佛陀與侍者善星比丘住在王舍城中時，當時城中有一位裸形外道，名叫苦得，常常如此倡言：「眾生的煩惱，無因無果，眾生的解脫也無任何的因緣。」善星比丘就對佛陀：「世尊！世間如果有阿羅漢的話，這位苦得一定是最爲上首的。」

佛陀說苦得尼乾不是阿羅漢，一點也沒有了悟阿羅漢道。

善星比丘就說：「佛陀，難道您是對他生起嫉妒之心嗎？」

善星比丘說了如此不如法的話語，佛陀只好斥責他說：「癡人！我對於阿羅漢不生嫉妒，是你自己心生邪惡的知見而胡思亂想罷了！苦得並非阿羅漢。」

佛陀並以天眼觀察，看到在七日之後，苦得將因爲腹痛而致死，死後將投生於餓鬼道之中，屍首被棄置於寒林之中。

這時，善星比丘就趕快前往苦得尼乾子裸形外道的處所通風報信，告訴他說：「長者！沙門瞿曇現在預記你在七日之後，會罹患宿食的疾病並腹痛而死，死後會投生於餓鬼道中，而同修也會將你的屍首放置在寒林之中。長老！你一定不要被他說中了。」

苦得爲了這個預言，就開始斷食，從第一日斷食至第六日，到了第七天後，心想應該已經沒問題了，心中鬆懈下來，於是便開始吃黑蜜，吃了黑蜜之後，又飲用冷水，沒想到才喝完水，卻突然腹痛而不治死亡，死後同修們就將他的遺體放置於寒林之中，而苦得也投生爲餓鬼，守在屍身之旁。

善星比丘聽到這件事後，馬上趕到寒林中，也看見苦得投生爲餓鬼的身形。

但是，善星仍不死心就回來告訴佛陀：「世尊！苦得尼乾命終之後，出生在三十三天帝釋天上。」顯然善星並不相信如來的神通，仍然想欺騙世尊。

佛陀說：「事到如今你爲何還不知悔改，證得阿羅漢的人不再受生，也沒有中陰身了，你怎麼會說苦得生於三十三天上呢？」

善星比丘只好說出實話：「世尊！正如你所說，苦得尼乾並沒有生於三十三天上，現在正受著餓鬼之身的果報。」

佛陀說：「你這個癡人！諸佛如來是誠言無二的，如果說如來的話有反覆，是無有是處的。」

佛陀時常爲善星比丘說眞實的法要，而他卻還是絲毫沒有信受之心。即使善星比丘在隨侍如來的期間，看到如來所示現的神通，仍是妄想堅固，無法信受如來的眞實語，甚至在死時因謗佛而投生地獄道。

在佛陀的弟子之間，神通是很普遍的現象，許多佛弟子都具有廣大的神通。如來的神通，如果如法修持，是每個人都可以達到的，因此，在如來的弟子中，也有無數成證廣大神通者，說明了神通在佛法中是很普遍的現象。

在佛弟子中，目犍連被譽爲「神通（或神足）第一」。在僧團裡，凡是發生需要神通才能解決的困難時，大家往往會想到目犍連。

在《雜阿含經》卷十九中記載，當釋尊以神力上昇忉利天爲摩耶夫人說法，過了三個月，還未回到人間。這時僧團中有很多弟子想念釋尊，但是大部分人又沒有神通可以上昇忉利天，因此，央請目犍連上天祈求釋尊早回人間。

目犍連接受大家的請託，上昇忉利天，並看到了釋尊為天界眾生說法的盛況。在敬禮釋尊之後，他傳達僧團師兄弟的心意，釋尊也應允在七天後返回人間。

在如來的弟子裏，具有神通的弟子不計其數。在《賢愚經》卷六中記載，佛陀及具有大神通的弟子於應供前先示現神通，使施主生起敬仰之心的故事。

佛陀有一個弟子名叫富那奇，具足廣大神通，有一次，以天耳聽聞其兄羨那遭遇海難求救之聲，於是富那奇立刻以神足通，在經典中描寫他在「猶如身健丈夫屈伸臂」的時間內，變身化作專吃龍族的金翅鳥王，到了大海，龍看見金翅鳥，害怕的潛入海底，於是包括富那奇在內的商人，都安然返家。

富那奇希望能度化其兄，就叫其建一座小堂，外表以珍貴的栴檀香木製成，並教其兄請佛來受供。但是當時如來離他們很遠，富那奇與羨那持香爐，共登高樓，遙向祇洹，燒香歸命佛及聖僧，心中並祈願：「唯願明日，如來能臨顧鄙國，慈悲開悟愚矇盲冥眾生。」如是作願之後，香爐的裊裊香煙，就像知道二人的心意一般，乘虛空往至世尊頂上，而且相結合聚化作一香煙蓋。後來二人又遙以水洗世尊足，由於富那奇的神通力，水也從虛空中，猶如釵股一般，流洗到世尊足上。

當時佛陀的侍者阿難，親眼看見這個不可思議的現象，感到很奇怪，而問佛：「是誰放煙、水呢？」佛告訴阿難：「是富那奇羅漢比丘，他現在於放缽國，勸化其兄恭請如來前往受供，所以放煙水，以為信請。」

佛陀因此敕命阿難，前往僧團中，告訴一切具有神足的比丘，明日悉皆前來，前往應羨那請，為其示現種種變化，以遊化彼國。

到了第二天清晨，如來弟子中有神足通者，從虛空中浩浩蕩蕩的前往羨那處應供。

第一個抵達的，是僧團中的伙頭師，每天都為僧眾飲食服務。他在空中結跏趺坐，身上放出光明，四出照曜，而他的身後皆是煮食的廚具：瓢杓犍支，百斛大釜，皆飄在空中跟隨其後，乘於虛空飛行，羨那看得目瞪口呆，就問富那奇：「這是你的導師嗎？」富那奇說：「不是，他是僧團中備辦飲食者，所以帶了一堆廚具來幫忙。」

緊接著又有十六沙彌均提等，各自以神足通，在空中變化樹林，採集各種鮮華水果，種種變現，演身光明，晃曜天地，在虛空中絡驛不絕，陸續抵達。

羨那又問：「這是你的老師嗎？」富那奇回答：「不是，這些人和前者一樣都我的同門師兄弟，年紀才七歲，就已證得羅漢道，一切煩惱永盡，具足神足通，所以先來採華及果。」

接著，一些耆年大阿羅漢，變化作千龍，盤結身體爲寶座，龍頭皆四出，發出雷吼震天，而其龍口悉皆雨下七寶，又在其上，施設廣大寶座，飛昇虛空，身上放出光明，照曜天下，而來此國。羨那又問富那奇：「這是你的老師嗎？」

「不是的，是我師之弟子，名爲憍陳如，當初佛初得道時。在鹿野苑，初轉法輪，廣度眾生，憍陳如等五人，最先受到度化，於弟子中，第一上首，神通具足，無所罣礙。」

羨那聽了之後，對如來又倍加欣仰。

接著陸續有摩訶迦葉、舍利弗、大目犍連、阿那律提等大阿羅漢，變化不可思議神通，經中說，如是次第有「五百神足弟子，各各現變，不可稱計。」可見，佛弟子中具足神通是極爲普遍的。

神通者的戒律

神通是一種生命技術，也是在因緣條件下所展現的特殊樣貌。因此，擁有神通並非只是一種能力的獲得，應當更深刻體解生命的責任與因緣的眾相，否則神通不僅不會帶來生命的幸福，甚至帶來更多的煩惱與障礙。

神通有其侷限，就像宇宙中任何的現象，在因緣中相對的存在下，自有其相對性的限制。所以，想以神通為所欲為，不僅絕不可能，甚至其所造成的反挫自傷，更是超出一般人的想像。所以，我們要詳細神通的限制及規範，否則由於自我心靈的混亂與障礙，小則失去神通，大則造成極大的傷害，害人害己，得不償失。因為這一切因緣中的行事，更大的能力，必然有著更大的責任、更重的制約。

所以，佛陀曾不斷的告誡弟子，千萬不要妄用神通、錯用神通。因此，在這裏提出一些神通者的規範，讓想學習神通與擁有神通者共勉。

⊙不應為名利私欲而現神通

一個爲了名聞利養的學習神通的人，心中充滿貪念，不但不能與修行的清淨相結合，甚至背道而馳。如此學習神通，必定不能得到任何助益，在學習的過程中，這些貪念也會時時干擾身心。如果學習神通，是爲了得到名聞利養，得到他人的承認，那麼，由於發心、動機不正確，學習的效果也必然大打折扣。

提婆達多以神通爲工具，爭取阿闍世王的支持，作爲鬥爭的利器，就是一個妄用神通的例子。

有一年，王舍城一帶鬧饑荒，百姓生活困苦，因此出家人在托鉢乞食時常常空鉢而返。這時候，有些具有神通能力的比丘，就騰空飛行，上天入地，到遠處取回香果、美食，以供養僧團大眾。

提婆達多看到這種情形，非常嚮往，而想學習神通。最初，他請求佛陀教導他神通的修習方法，佛陀並沒有答應。後來，他請求舍利弗、目犍連、阿若憍陳如等多位上座，也都未能如願。最後，他找到弟弟阿難，才獲得修習神通的訣竅。

提婆達多立即精進努力地修習，不久，終於依禪定力而證得神通。在《根本說一切有部毘奈耶》中的記載，提婆達多的神通能力示現一身變作多身；多身合爲一身，使（身體）或現或隱，於山石牆壁通過無礙，如於虛空，於大地出沒，猶如水中。在虛空中結跏趺坐，猶如在地，或騰虛空，猶如飛鳥，或在地上就能以手捫日月。

擁有神通的提婆達多，卻決定利用神通去爭取摩揭陀國王位繼承人阿闍世太子的支持。

他到了阿闍世太子的王宮，將自己化爲白象，從大門入，從小門出，忽而變現原形，忽而變爲駿馬，忽而成爲牛王，在大門小門之間忽隱忽現。

待見到阿闍世之後，他又變成小兒坐在阿闍世膝上。並示現神變與阿闍世嬉戲，甚至嚥下阿闍世吐在他口中的唾液。

阿闍世王看見這種種神通變化，以爲提婆達多的神通已經超越過佛陀，加上提婆達多曲意奉承，阿闍世王轉而支持提婆達多，甚至共同參與了謀殺佛陀的計劃。

提婆達多雖然沒有廣大的神通，卻淪為求取個人名利的工具，在野心的蒙蔽下，造下極大的惡業，而墮入無間地獄。

⊙不可將神通做為炫耀的工具

修學禪定時，由於心靈的寧靜與集中，身心往往會產生很大的威力，不了解的人，不免感覺驚奇，但對於一個努力修持的人而言，這是很平常的境界。往往有許多習禪而引發神通的人，由於不了解其中的道理，或基於其他理由，在有了一些徵兆經驗之後，就以為得道，眩奇惑異，現起了一些常人所沒有的能力，而且也引來許多人的禮敬，漸漸的也就成了一派的宗師了。

這些人或是為人治病、或是自稱為某某佛菩薩、神明、或自稱能了知過去、未來、三世因果等，種種不一。但是，如果我們以前面所說的神通檢驗標準，可以發現這大部份是些微的感應現象，而不是眞正的神通。

具有神通能力的人切不可由於身心的變化而眩惑他人，藉以博取別人的尊敬或供養。在經典中曾記載賓頭盧婆羅墮取鉢的故事，佛陀的態度也非常嚴格明確。

佛陀在世時，王舍城有一位樹提長者，偶然獲得一枚珍貴的牛頭栴檀。他命工匠雕刻成鉢，將它懸掛在離地七、八丈高的巨木上面，並對外宣稱，任何修行人如果能夠不用梯子而將鉢取下，這一牛頭栴檀鉢就奉送給他。

當時，有不少外道修行人都躍躍欲試，但是都無法取下此鉢。阿羅漢賓頭盧風聞此事，就想前去試試。賓頭盧是也具有大神通者，在《賢愚經》卷六中說，他具有：「項佩日光，放千光明，暉赫天地，飛昇虛空」的神通能力，但是他也瞭解，佛弟子之中，神通第一的是目犍連。因此，他就勸請目犍連運用神通去取下牛頭栴檀鉢。目犍連卻回答他：「我不會爲了那個木鉢就而去示現神通的。」

於是第二天，賓頭盧就前往樹提長者處，示現神變，經中描寫他：「不起於座，伸手取鉢。」賓頭盧的神通，贏得了栴檀鉢與樹提長者的讚歎，但卻遭到如來的斥責，佛陀認爲：爲了這個理由示現神通，就如同妓女因爲幾個金錢而脫衣服。於是世尊敕命賓頭盧終身不得入無餘涅槃，不得住在閻浮提洲，必須到拘耶尼洲（西牛貨洲）弘揚佛法。

為了賓頭盧這件事，釋尊特別因此而制定戒律：

1.比丘平常用的鉢破了，不可即告捨棄，應該補綴繼續使用。如果輕率另求新鉢，則違犯「捨墮戒」。

2.比丘在舊鉢不堪使用時，可以改用新鉢。但是必須將舊鉢送還僧團。並由僧團將新鉢授與這位比丘。比丘終身使用這鉢，到破壞、不堪使用時才可捨棄。

其實，賓頭盧是一個阿羅漢，貪、瞋、痴三毒已盡，並非心存貪欲才去取鉢，但是由於這種行為會招致世人對僧團的譏嫌，也對凡夫比丘有不良的示範作用。

佛陀以此來告誡弟子，除非是為了教化眾生，不可因為這種情形而示現神通。

想要擁有神通的人，一定要記得定力、智慧與慈悲心，才是神通者最重要的守護與導引力量。

神通力的獲得主要依循定力與智慧，但是也有因報得、咒力等其他方便獲得的神通。但不管以任何方法獲得通，在修習神通前，我們心中要清楚的思惟：

「現在獲得神通理想嗎？」

因爲神通的境界，是超出過去經驗範疇的狀況與力量。其中有光明的清淨境界，也有光怪陸離的詭異惡境。因此，心中沒有準備好，也沒有定力，看到了這些境界，不是貪戀不捨，就是駭異萬分，甚至所有的正常生活、思想、時間，都被這些隨時會現起的境界所掌控，生活在極爲混亂的時空境界，甚至身心遭受煎熬，宛若失控。

因此，想擁有神通時，先想想是不是準備好接受這未知的一切？是不是有定力來安住自心，不讓外境掌控，乃至不受誘惑，傷人害己？是不是擁有足夠的智慧，來體悟道這一切如幻的境界？是不是有慈悲心，來容受宇宙中各類的生命與現象，並幫助他們？

當我們如此思惟清楚後，才是擁有神通者的初步，而在後續上更應以定力、智慧、慈悲心來守護、導引神通，並昇華神通，成爲大智、大悲、大定的不可思議神通。

因此，神通者在消極上應遵守神通的規範，在積極上更應以定力、智慧、慈悲心，來增長、導引、守護神通，讓神通成爲自己人生與世界的光明。

第三章 佛法中的神通及特性

爾時，阿那律縫故衣裳。是時，眼遂敗壞，而得天眼，無有瑕穢。是時，阿那律以凡常之法而縫衣裳，不能得使縷通針孔中。是時，阿那律便作是念：「諸世間得道羅漢，當與我貫針。」

是時，世尊以天耳清淨，聞此音聲：「諸世間得道阿羅漢者，當與我貫針。」

爾時，世尊至阿那律所而告之曰：「汝持針來，吾與貫之。」

阿那律白佛言：「向所稱説者，謂：諸世間欲求其福者，與我貫針。」

世尊告曰：「世間求福之人，無復過我。」

——《增壹阿含經》卷三十一

佛法中的神通

佛法的神通，是指依修持所得證的禪定智慧或作用，並對一切所緣的外相，心中能清楚明照，沒有混淆，所產生妙用無礙的現象。

在佛法中雖然了知依據修持、智慧乃至其他持咒、報得、業力因緣，都可以得到神通；但根本上對於能夠對方物的體性能完全清楚覺照，而了知其體性都是一如而生起的智慧神通，給予特別的推崇，並認爲這才是所謂「通」的究竟。

在《妙法蓮華經玄義》卷六中曾引述了一些經典，對「神通」作了說明：「這六種都稱神通，就如《瓔珞經》說：『神名天心，通名慧性。天心是天然之心，慧性是通達無礙的意思。在《毘曇論》中也說：『障通無知如果去除，即發起慧性。』我們應當了知天然慧性與六種法相應，就能轉變自在，所以名爲神通。所以〈地持力品〉說：『神爲難測知，通爲無壅礙。』這樣的見解與《瓔珞經》相同。因爲「天心」就是難測知之義，而「慧性」也就是無壅礙之義了。

然而這六法的修持沒有前後的分別，證得也無一定的次第，使用也是隨時可用，所以眾經典對於六神通的列次也就不同了。《釋論》中說：『幻術的變化是虛誑的方法，施法於草木等而誑惑人的眼目，眾物卻沒有改變。但是神通卻非如此，這是眞正得以改變的方法，使眾物眞實改變。如大地有化成水的道理，水有變成地的意義。

就好像金銀得到火則融化，水遇到寒冷則結冰，用火去寒是融化結冰的方法，結冰是眞的結冰、融化是實在融化。如果得證慧性天然，就眞實能如此變化妙用自在，所變化的水火也能令他人眞實得到受用。但這並不是果報所成，而是神通一時的作用罷了。」

依於以上的解說，我們可以了解佛法對神通的深刻理解，因此所謂的「神」是指難以測知的天然之心，而「通」是智慧性的通達無礙，以這樣的天然慧性來與眼、耳、意念、宿世、身及心智相應，就能引發天眼、天耳、他心、宿命、神足及漏盡六種神通。

此外，在《俱舍論》中則說：「依據《毘婆娑論》等所說的理趣，『神』名所著重的唯以殊勝的等持禪定爲主，因爲由此能生起神變之事的緣故。」這是以禪定爲發起神通之體的觀點所作的解說，而在小乘的神通觀中，偏重定力而上及智慧，是根本的觀點。

佛教的神通，大多以前述的六種神通做爲代表，即：天眼通、天耳通、他心通、宿命通、神足通（又稱爲如意通）、漏盡通等六種神通。

一般而言，前五通是依四種根本禪定而發起，所以並非佛教特有，而是世間一般的修行者都可以獲得。但是第六種漏盡通，解脫一切煩惱所成就的漏盡通，則是佛法特有的，只有解脫的阿羅漢，及大乘的等覺位菩薩才能獲得。

以下我們將分別介紹六種神通，希望大家對神通的內容，有更深刻的體解。

天眼通

天眼通（梵文 divyaṁ-cakṣur-jñānaṁ），是指眼根所開展出來具有的特殊視覺能力，全稱爲「天眼智證通」，又稱爲「天眼智通」或「天眼通證」。有天眼通者，可以觀察到欲界、色界的情況。如《大毗婆沙論》卷一四一中說：「天眼智通緣欲、色界色處。」

天眼通可以看到多遠呢？《大智度論》卷五中則說：「天眼通者，於眼得色界四大造清淨色，是名天眼。天眼所見，自地及下地六道中眾生諸物，若近若遠、若覆若細諸色，無不能照。」天眼通能見自身所處世間及較低階世間六道的一切現象，不管是遠近或是粗細，無一不能明照。

天眼通可以看到什麼呢？天眼通不但可以觀察到現在十方的世界；還能觀察未來的緣起。

觀察現在的十方世界，不只可以看到一般的鬼神而已，還可看到層層次次的天人，甚至還能看到外太空，甚至不只是看到一個太陽系而已，而是看到無窮的太陽系，而能看多遠，則要看修行的力量而定。

有的天眼通，甚至可以看到《阿彌陀經》中說的極樂世界。極樂世界和地球的距離，依經中所說是：「從此西去，過十萬億佛土。」這樣的距離有多遠呢？

一個佛土是一個大千世界，經典中常見的「三千大千世界」，是指一個佛土世界，代表由一位佛陀教化的範圍。三千大千世界是依於印度教的宇宙觀，並加以昇華。因此以須彌山爲中心，有日、月系統，是依據人類文化的發展、此世界的因緣來解說的。以一個日、月系統算一個單位，一千個日月系統是一個小單位，稱爲小千世界，一千個小千世界就叫中千世界，一千個中千世界叫大千世界，有三個千——大、中、小千，所以叫三千大千世界。所以「三千」大千世界是指由三個千組成的大千世界，而不是三千個大千世界。三個千的大千世界，其實就是一個大千世界，這代表一個佛國土。

三千大千世界就像我們所講的銀河系，佛法中認爲這個銀河系有十億個恆星系統（即太陽系），這十億個太陽系就是一個佛世界。而阿彌陀佛極樂世界，是「從此西去十萬億佛土」的地方。西去，不是指在地球上往西方去，而是依目前的恆星系統，是依我們現在地球人肉眼觀察而得的宇宙觀，向西方而去的極樂世界，距離是經十萬億再乘以十億個太陽系的地方。即使是這麼遠的距離，天眼通還是可以清楚明見。

《大智度論》中說：「天眼所見，自地及下地六道眾生諸物，若近若遠，若粗若細諸色，無不能照。」天眼通的能力，能見到自身所處的空間，及比自身低階的眾生、事物，不管是遠近、粗細等各種物質，無一不能明照。

除了空間之外，天眼通還能觀察未來的事，如果依照目前的條件和情況來發展，未來會怎麼樣？這個緣起會如何？但是天眼通所觀察到的未來並不是決定的；只是依照這樣的條件發展下去，事情會有什麼結果。佛法非宿命論，而是精進論者，認為在事情尚未發生之前，都應該不斷的加注正面向上的力量，來使結果較為改善，如果事情已經發生，就坦然接受，卻永不認命，繼續努力。

天眼通也稱為「死生智證通」，略稱「死生智通」，因為天眼能觀察眾生從此處死投生彼處。不過天眼通、死生智，雖然都能了知有情之從此處死，從彼處投生。但是，天眼通只能看到這個現象，死生智則觀察得更詳細。兩者雖然不大相同，但是由於天眼通能引發死生智，所以又稱爲「死生智證通」。

佛弟子中天眼第一的弟子阿那律尊者，他證得天眼通有一段特別的故事。

在《楞嚴經》中，阿那律自述其得天眼通的因緣：「我初出家，常樂睡眠，如來訶我當畜生類。我聞佛訶，啼泣自責，七日不眠，失其雙目。世尊示我樂見照明金剛三昧，我不因眼觀見十方，精眞洞然，如觀掌果，如來印我成阿羅漢。佛問圓通，如我所見，返息循空，斯爲第一。」

當初佛陀在舍衛國祇樹給孤獨園爲無數百千萬眾而說法。當時，阿那律在大眾中聽法，不知不覺的睡著了。佛陀注意到阿那律打瞌睡，旁人趕緊將他推醒。

佛陀就問阿那律：「阿那律，你是怖畏王法或怖畏盜賊而來修道嗎？」

阿那律回答：「不是的，世尊。」

「那麼你是爲何出家學道呢？」

阿那律稟告佛陀：「我是因爲厭患此老、病、死、愁、憂、苦、惱。爲苦所惱，希望能捨棄之，所以出家學道。」

世尊又說：「你的信心堅固，而能出家學道。但是世尊今日親自說法，你怎麼打起瞌睡來呢？」

於是，阿那律稟告世尊：「從今已後即使形體壞爛，終不在如來前坐睡眠。」

他是如此精進修行，一直都不肯睡眠，七天之後，阿那律因爲不睡眠，眼睛患了疾病。

佛陀知道以後，就很慈和的告訴他道：

「阿那律！修行不及固然不行，但太過了也是同樣的不行。」

阿那律還是不願違背自己的誓言，仍是不睡眠，經過名醫耆婆診治後，告訴阿那律，只要他肯睡眠，眼睛馬上就會好，可是阿那律就是不肯睡眠。

不久，阿那律的眼睛瞎了，但是在如來的教導之下，卻成就天眼第一。

在《楞嚴經》二十五圓通中，阿那律自述其得益的法門，就是世尊教導他「樂見照明金剛三昧」，不用肉眼，卻能觀見十方世界，精眞洞然，如同觀掌中的水果一樣清楚，於是如來印證其爲阿羅漢。

天眼同時也是五眼之一，五眼分別是指：肉眼、天眼、慧眼、法眼、佛眼。

肉眼是指世間一般人的眼根，能分明照見色境。天眼是指天道眾生或由禪定境界而得的眼，對遠、廣、微細事物皆得明見。慧眼是指照見空理的智慧。法眼是指審細了知差別諸法、洞觀如幻緣起的慧力。佛眼是指究竟證知諸法眞性的慧力。

天眼，可以說是相對於肉眼的能力而說的。在《大智度論》卷三十三中說，肉眼只能見近不能見遠，能見前不見後，能見外卻不見內，在白天才看得見，晚上看不見，只能見上面而不見下。如果天眼，則遠近皆能見，前後、內外、晝夜、上下悉皆無礙。

雖然天眼能見到和合因緣所生的假名之物，卻不見實相，所以爲了證得實相，而求慧眼。如果能得慧眼，則見眾生盡滅一異之相，捨離各種執著。但是慧眼無所分別，不能度化眾生，因此而求法眼。

法眼可以觀察眾生各各以何種根基，修何種法，得何種果報，了知一切眾生各各方便門，令得道證，但是不能了知度化眾生方便道，以是故求佛眼。佛眼則無事不知，雖然眾生的煩惱覆障稠密，佛眼卻無不見知。在一般人的眼中爲極遠、幽闇、疑、微細或甚深者，在佛眼卻是至近、顯明、決定、麤、甚淺。所以佛眼無所不聞、不見、不知，而無所思惟。

天眼通的獲得，又可分爲報得與修得兩種。報得是生而得之，天生就有天眼，修得是修習後得之。如「五眼」中的天眼通就有報得與修得，而「五通」中的天眼則只是修得而非報得。此外，天眼通的境界依修持的境界，也會有所差別。菩薩、阿羅漢的天眼所見的境界就不同。在《大智度論》卷五中說：

「佛法身菩薩清淨天眼一切離欲，五通凡夫所不能得，聲聞辟支佛亦所不得。所以者何？小阿羅漢小用心見一千世界，大用心見二千世界；大阿羅漢小用心見二千世界，大用心見三千世界；辟支佛亦爾。是名天眼通。」

佛陀住世時，許多阿羅漢也具有天眼通。如僧團中有一位畢陵伽婆蹉長老，是具足天眼通的聖者。當時常有海賊的船靠岸，拐騙村裡的小孩。有一天，時常供養畢陵伽婆蹉長老的一位施主，其小兒子正在岸邊玩水，沒想到海賊的船悄悄靠近，用各種好吃好玩的東西，拐騙小兒上船，小兒果然上船玩耍。

當時畢陵伽婆蹉長老以天眼通，看見施主家的小兒被拐騙上船，立即入於禪定，以神通力自身化現在海賊船上。施主家的小兒，平時看到沙門來家裡，都會誠心頂禮，行最尊敬的接足禮，也就是以雙手各捉聖者一足。現在他看到長老，很自然的又向長老行接足禮，說時遲那時快，長老就利用小兒捉住雙腳的剎那，騰空飛起，將小兒救出賊船，平安的送回家。這是聖者以天眼通救度小兒的故事。

他心通

他心通（梵文 **paracitta-jñānaṁ**），是指能了知其他生命心念的神通能力。又稱為「他心智證通」、「智心差別智作證通」。

在《大智度論》中說：「云何名知他心通？知他心若有垢，若無垢；自觀心生、住、滅時，常憶念故得。復次，觀他人喜相、瞋相、怖相、畏相、見此相已，然後知心，是為他心智初門。」他心通能了知他者心中有垢染、無垢染，自觀心念生起、安住、消滅，觀察他人喜悅、瞋怒、恐怖、畏懼等種種相貌，然後能知其心念，這是他心通的初入門階段。

很久以前，雀離寺有一位證得阿羅漢果位的長老比丘。有一天，長老比丘到城裏，叫隨從的沙彌擔著衣鉢走在身後。

沙彌一邊走著，一邊想：「人生世間，無處不受苦，應該如何才能脫離此苦呢？對了！佛陀常讚歎菩薩道最為殊勝，我應當發菩薩心。」

長老比丘有他心通，當沙彌一發起這個心念時，長老就對沙彌說：「衣鉢給我。」沙彌就把衣鉢交給長老。

「你走到前面去。」沙彌雖然滿頭霧水，還是照長老的意思去做，走在前面，現在換成長老擔著衣鉢走在沙彌身後了。

走沒多久，沙彌又想：「菩薩道太辛苦了，眾生向我索眼我就要布施眼，索頭我就要布施頭，這太難了！我可能辦不到，不如先取羅漢果位，早日離苦吧！」

長老了知沙彌心中所念，於是又叫他擔起衣鉢，走在身後。如此三次反覆，沙彌終於忍不住請問長老為何如此？

「這是因為你方才三次發起菩薩行之心，所以我三次讓你走在前面，但是你又退心三次，所以又叫你擔衣鉢走在後面。因為發菩薩心的功德，勝過充滿三千大千世界成就阿羅漢的功德啊！」這是阿羅漢以他心通了知沙彌發心的故事。

此外，他心通也有境界上的差別。

如《大智度論》卷二十八中說：「凡夫通於以上四禪地，隨所得通的禪境以下，能遍知一世界四天下眾生的心及心數法，聲聞通達於以上四禪地，隨所得通的禪境以下，能遍知一千世界眾生的心及心數法。辟支佛……能遍知百千世界眾生心及心數法。但上地鈍根的人，不能了知下地利根者的心及心數法。凡夫不知聲聞的心及心數法。聲聞不知辟支佛的心及心數法，辟支佛不知佛的心及心數法，所以要了知一切眾生的心所趣向，應當學般若波羅蜜。」

由此可知，不同的定力及智慧者，當他們獲得他心通時，境界依其定力與智慧的力量而有差別。這種差別，初始是以禪定的深淺爲依據，其後則以智慧爲分別。所以《大智度論》才會以爲：了知一切眾生心所趣向，應當學習般若波羅蜜。

在探討心念的覺知時，我們也可以下面的例子，來理解佛的心念爲何與菩薩、辟支佛乃至阿羅漢有所差別？其心智的能力，爲何是超乎一切的？當我們心念發起時，我們是無法覺察自己心念生起的狀況，因此，我們是無法覺察第一念的。不只如此，大部分人不要說第一念，事實上絕大多數的念頭，多數人都是無法覺察的。

我們仔細觀察，就可以了知我們的第一念了知與第二念了知的他心通就不同。第一念了知就是眾生心念發出來的時候他同時了解；而第二念了知，則是心念發出來他才接受到。佛陀的他心通，就是同時能了知一切眾生的心想。有人會問：「能了知一個人的心還容易理解，但是現在如果同時有一百個人在那邊，佛陀會不會受干擾呢？就像電訊相互干擾一樣。」

其實，因爲佛陀是完全空的，而且是第一念了知，每一個眾生念頭發出來，同時接收到，因此不會有干擾的問題。

禪宗有一則他心通的公案，可以清楚看出一般天眼通的限制。

在唐代，佛教盛行，許多國外來的僧人都來到京師，其中有許多奇人異士。有一位西域來的大耳三藏，自稱得他心通，於是皇帝就命他到光宅寺，請慧忠國師驗其眞假。

慧忠國師問道：「聽說你已經證得他心通了？」

大耳三藏回答：「不敢。」

「那麼，你看看我現在在哪裏呢？」國師問。

「和尙是一國之師，怎麼跑到天津橋看猴子耍戲呢？」大耳三藏回答。

國師又問：「老僧現在在何處？」

「和尚是一國之師，怎麼跑去西川看競渡呢？」

「那麼，現在老僧又在何處呢？」國師問。

大耳三藏默然良久，罔然不知和尚去處。

國師於是叱道：「這野狐精，他心通在什麼處？」

原來，只有當有心想時，才會被他心通掌握蹤跡，但是當心住於空時，他心通就失效了，這是一般人尚未具足空性智慧，他心通有所限制之處。

天耳通

天耳通（梵文 divyaṁ-śrotraṁ-jñānaṁ），是可以聽到十方世界的訊息的能力，是指耳根所具有的一種特殊聽覺能力。具稱「天耳智證通」，又稱「天耳智通」、「天耳通證」。

在《集異門足論》卷十五中說：「以天耳聞種種音聲，謂人聲、非人聲、遠聲、近聲等，是名天耳智證通。」天耳可以聽聞種種人、非人的聲音，遠近等種種聲音。

在《大智度論》五中說：「云何名天耳通？於耳得色界四大造清淨色，能聞一切聲、天聲、人聲、三惡道聲。云何得天耳通？修得常憶念種種聲，是名天耳通。」其中說天耳通能聞一切聲音，無論是人間、地獄、畜牲、餓鬼的聲音，皆能聽聞。

佛陀住世的時代，有一位富那奇比丘，精勤不懈的修行，終於心意開解，獲得無漏通。他就曾以天耳通聽見遠處哥哥的求救聲。據載富那奇原本與兄長羨那住在一起，之後他想到四方弘化。羨那的朋友們曾找羨那一起到海上尋寶，但是因爲海上危險難測，所以富那奇臨走之前，特別囑咐其兄不要出海，並留給他富足的財寶，作爲生活費用。

富那奇走了之後，羨那也眞的遵照弟弟的囑咐，沒有出海。但是過了一段日子，羨那奈不住朋友一再勸說，就跟著一群商人出海去了。

這次的行程中，帶頭的商人一再叮嚀，到海上的沙洲採集寶物時，要有所節制，以免海中的龍王生氣。

商人大多遵照領隊的囑咐，只有羨那採了滿船珍貴的牛頭栴檀香木。

這種舉動引起龍王極大的憤怒，將船抓住，不讓他們離開。商人們無不張惶失措，心想此次必死無疑，羨那此時想起弟弟富那奇，於是一心祈願：「富那奇啊！哥哥現在遭到極大的苦厄，趕快來救我！」

這時富那奇在遠方的舍衛國，正在坐禪，以天耳通聽見羨那的求救，於是以神通化作專吃龍族的大鵬金翅鳥，剎那間飛到羨那的船上，龍王見了立刻害怕的躲入海裏去了。

天耳通是耳根所開發出來的特殊能力。然而，人類的耳朵到底可以聽多遠呢？經典中曾記載目犍連以天耳通測試如來佛音遠近的故事。

有一天，佛陀在王舍城竹林精舍的講堂中說法，目犍連坐在禪室中沒有去聽講，但佛陀說法的音聲，在他耳中像雷鳴一樣。他很驚奇，在離佛陀很遠的地方還能聽到佛陀的音聲。爲了要試驗佛陀的法音究竟能傳多遠，他就運用神足通，來到數十億佛土之外的一個佛國，這一個佛國，是世自在王如來的國土。

當時，彼佛國土的世自在王如來也在說法，他很歡喜，就輕輕的向前找了個座位，坐下來聽世自在王如來的說法。

但不可思議的是，目犍連除了聽著世自在王如來的說法外，娑婆世界上釋迦牟尼佛說法的音聲，仍然在他的耳中響著。

由於世自在王國土眾生的身形都非常高大，目犍連尊者到了那裏，被誤當成一條大蟲。

世自在王如來告訴菩薩：「他不是蟲，是娑婆世界釋迦牟尼佛的弟子，你們不可輕視這位尊者，他有大神通，大威德，能行化自在，在十方諸佛的國土中遊化。」

世自在王如來於是對目犍連說道：「尊者！你從他方國土遠到此地，可在我的弟子菩薩眾中，示現神通變化，除卻眾人對你的疑惑！」

目犍連即乘佛神力，現種種神通變化，諸菩薩見了都生起恭敬之心。

由這個例子，我們可以看出，人類的耳根的確具足可以聽到無量世界外聲音的能力。在《妙法蓮華經》卷六中也提到，持誦《法華經》者，可成就千二種耳根功德，可聽聞十方世界一切音聲，但是在佛法中卻認這並非神通的範疇，而視為持誦經典的感應。

經中說：「若善男子、善女人受持此經，若讀、若誦、若解說、若書寫，得千二百耳功德。以是清淨耳，聞三千大千世界，下至阿鼻地獄，上至有頂，鼓聲、鍾聲、鈴聲，笑聲、語聲，男聲、女聲、童子聲、童女聲，法聲、非法聲，苦聲、樂聲、凡夫聲、聖人聲，喜聲、不喜聲，天聲、龍聲、夜叉聲、乾闥婆聲、阿修羅聲、迦樓羅聲、緊那羅聲、摩睺羅伽聲，火聲、水聲、風聲，地獄聲、畜生聲、餓鬼聲，比丘聲、比丘尼聲、聲聞聲、辟支佛聲、菩薩聲、佛聲。

以要言之，三千大千世界中一切內外所有諸聲，雖未得天耳，以父母所生清淨常耳皆悉聞知。如是分別種種音聲，而不壞耳根。」經中說，依受持《法華經》功德的緣故，能聽聞一切世界內、外種種聲音，而且善巧分別，卻不會損壞耳根。

雖然這種境界還不是天耳通，但是由此我們可以了解人類的耳根，確實具有無比的潛能，所以證得天耳通是非常如理的。

宿命通

宿命通，又稱宿住通（梵名 purvanivāsānusmṛiti-jñānaṁ），是指憶念宿住事的神通力，爲五通之一或六通之一，全稱爲「宿住隨念智證通」，又稱宿住隨念智通、宿住智通或宿命通證、識宿命通。在《集異門足論》卷十五中說：「云何宿住智證通？答：能隨憶念過去無量諸宿住事，謂或一生，乃至廣說，是名宿住智證通。」這是說能憶念過去一生乃至無量劫之自身的名姓、壽命、苦樂及生死等事，稱之爲宿住智證通。宿命通只能憶知曾經所發生之事，無法看到未來尚未發生之事。

在經典中，我們時常可以看見佛陀以宿命智爲弟子宣說宿世的因緣。

宿命通，是能了知自身及他人過去世，乃至久遠的時劫之前，是何種生命的神通。佛陀在世時，也常以宿命智宣說自身及弟子的本生因緣，來教化眾生。

智慧第一的舍利弗尊者經常以天眼觀察世間，看看有應得度者，就前往度化。有一天，他看到一群商人，帶了一條狗，要到鄰國做生意。吃飯時間到了，大家就停下來休息，準備用餐。狗兒因為餓得發慌，趁商人不注意的時候，偷了一塊肉，不料立刻就被發現了，幾個商人氣得對它一陣拳打腳踢，把它打得腳也折斷了，奄奄一息的棄置在野外，商人們自己飽食一頓後，就逕自離去了。

舍利弗看了非常不忍，立刻到城中乞食，再飛快來到狗兒身邊，給它食物，餵它吃飽之後，又為它說甚深微妙的解脫之法，狗兒用感激的目光看著舍利弗，但是由於受傷太重，不久之後它就往生了。

由於聞法的功德，狗兒死後投生到城裏婆羅門的家中成為其孩子。舍利弗於是到那位婆羅門家中探視，果然孩子才剛出生，婆羅門並答應在孩子七歲時，要讓他跟隨舍利弗出家。

七年後，舍利弗依約前來，七歲的孩子，看著舍利弗慈愛的眼神，彷彿在很久之前也曾感受過這種慈愛與溫暖。現在他叫做均提沙彌，在舍利弗的教導下，精勤問道，不久就證得聖果，具足神通。

這時他立即以宿命通觀察過去世以何因緣，今生能遇到這麼好的老師，證得聖果？

當他入於定中，以宿命通觀察時，看到自己前世是一條餓狗時，被打得奄奄一息，蒙舍利弗救度並開示妙法，今生得以成就。均提流下感激的眼淚，並發願永遠當一個沙彌，不受比丘大戒，隨侍在恩師舍利弗身邊。

當時阿難看這個小小的孩子離奇的前生，又在短短的時間內悟道，感到不可思議，就前去請問佛陀，均提投生爲狗身的因緣。

如來以宿命智觀察，原來在過去迦葉佛時代，他座下有許多比丘共同修行，其中有一位年輕比丘，音聲和雅美妙，他對另一位音聲鈍濁的老比丘，非常看不起，有一天，他忍不住譏笑地說：「長老，你的聲音簡直像狗吠一樣。」沒想到這位年長的比丘是已經證果的阿羅漢，年輕比丘因爲這個罪業而做了五百世狗身，但是也由於他出家持清淨戒的緣故，現今得以見佛，悟道解脫。

此外，宿命通可以了知多久以前的因緣呢？這和神通力的大小有關。在《大智度論》中說：「識宿命通，本事常憶念：日、月、年歲，至胎中，乃至過去世中，一世、十世、百世、千萬億世，乃至大阿羅漢、辟支佛知八萬大劫；諸大菩薩及佛知無量劫，是名識宿命通。」其中說大阿羅漢、辟支佛可以觀察到八萬大劫那麼久遠以前的時劫，而諸大菩薩及佛則可以了知無量劫以前的宿命本生。而由以下故事，我們將可略知宿命智神通力的大小差別。

當佛陀住在祇園精舍時，某日清晨，尊者舍利弗隨從佛陀經行。當時正好一隻老鷹追逐鴿子，鴿子在驚慌之下飛來佛陀身邊安住。佛陀經行過的影子覆蓋在鴿子身上，這時鴿子身心立即顯得非常安穩，一點都沒有怖畏的樣子，也不再驚惶的鳴叫。當佛陀走過之後，舍利弗的影子覆蓋到鴿子身上，鴿子又開始格格顫抖，顯得驚慌恐怖。舍利弗不解地問佛陀：「佛及我身俱無貪、瞋、癡三毒，爲什麼佛影覆鴿身，鴿子就安穩無聲，不再恐怖，而我的影子覆在鴿子上，它就作聲戰慄呢？」

佛陀回答：「這是因爲你雖然已經沒有三毒，但習氣未盡，所以你的影子覆蓋牠時，鴿子的恐怖不除。舍利弗，你觀察這鴿子宿世因緣已經幾世作鴿子？」

舍利弗即時入於宿命智三昧，觀見這隻鴿子上輩子還是鴿子，一直到很久很久之前，仍然是鴿子，但再往前就無法觀見了。

於是舍利弗從三昧起，恭敬禀白佛言：「這隻鴿子從很久以前就一直是鴿子。」

佛陀告訴他：「如果你不能盡知它的過去世，那麼你試試看，觀察它未來世何時當脫離鴿身？」

舍利弗即時入於願智三昧，觀察這隻鴿一一二三世乃至久遠以後皆未脫離鴿身，再往後就不得而知。於是舍利弗從三昧起，敬白佛言：「我觀察這隻鴿子從一世二世乃至久遠以後，都還未免除鴿身，再往後我就不得而知了，不知過去它成爲鴿子前的本生因緣，也不知道未來它何時得脫。」

佛陀告訴舍利弗：「這隻鴿子除了你方才所看見的一切之外，將來還會在很長的一段時間常作鴿身，直到罪業清淨方得脫出，輪轉於五道中，後得投胎爲人。經過五百世中，才能得到利根。當時有佛度無量阿僧祇眾生，然後入無餘涅槃，遺留法教在世，於是此人作五戒優婆塞，隨從比丘聽聞讚歎佛陀功德，於是初發心願欲作佛，然後於三阿僧祇劫，行持六波羅蜜，十地具足而得作佛。度化無量眾生之後，而入無於涅槃。」

舍利弗是如來的聲聞弟子中智慧第一者，雖然他可以觀察到非常久遠的時間，仍然有限制。所以《大智度論》中說，聲聞等聖者，雖然具有宿命智，但是和佛陀相較之下，就如同小兒與大人一般，無法相比較。

宿命通的神力大小，除了影響到所看見的時間範圍，也會影響到觀察的速度。

神通力廣大者，其宿命通就像磁碟的索引系統很好一樣，無論是調多久以前的檔案，可以即時觀察。而一般的宿命通，則像老式的檔案資料索引系統，要一筆一筆往前查。以阿羅漢的宿命通和佛陀相比較，就是類似這樣的差別。羅漢觀察思惟宿命，就像是把磁片一張一張調出來看，雖然看得很快，一輩子可以一秒鐘看完，一輩子一秒鐘好像很快，但是，如果一後面有一千個零，這麼多輩子就要花一些時間了。

在經典中經常可以看見佛陀以宿命智為弟子開示的記載。

因為佛法是以因緣法為核心的教法，在生生世世相續流轉的世間中，我們不斷的造業受報，也留下了無數過去生的因緣。

在佛陀的眼中，他清楚的觀照到自身與弟子的緣起，覺照無始以來的無盡生命之流。也如實的體悟了弟子開悟的因緣。因此，佛陀就當然常以宿命的因緣，教化弟子。

有一次，佛陀在舍衛國給孤獨園，與大比丘相俱。當時有一位梵志，迷惑外道道術，不信佛法，甚至欲擾亂佛教。這一天，他行走在城中，遠遠見到佛陀走來，他不想與佛陀碰面，就躲入人家的房舍。而大聖佛陀悲愍哀憐之，就走到房子面前，站在他的面前，梵志想避開又不行，想跑走也沒有辦法，於是世尊爲其說經法，梵志心生歡喜，善心生起，就歸命佛、法及眾僧，奉受戒禁。

梵志遶佛三匝之後，稽首而退。回家取了一個鉢，其中盛滿了蜜，兩手擎著，恭敬供養如來。佛陀告訴諸比丘，取此鉢蜜，布施給眾僧，奇怪的是這一小鉢蜜，供養了佛及眾僧，使大眾都得到滿足後，鉢中的蜜居然還是滿滿的沒有減少。

梵志不知如何是好，只好把那鉢蜜又奉上給佛陀，佛陀就告訴梵志：「你取此蜜，投入大水無量之流，水中蟲蠡黿鼉魚鱉，悉蒙其味。」梵志受教之後，就將蜜投入水中，還至佛所，心中或驚或疑，踊躍悲喜。

此時世尊，欣然而笑，有五色光從口發出，上至梵天，普照五道。靡不周遍。還遶身三匝。

阿難請問佛陀：「如來不妄笑，必然有因緣，請問如來爲何而笑呢？」

佛陀告訴阿難：「你看這個梵志，以蜜奉佛，布施比丘僧，餘蜜投於水中供養，這個梵志，在接下來世的二十劫中，將不會墮惡趣，再過二十劫，當得緣覺果位，名爲蜜具。」

比丘們問：「唯然世尊，爲什麼這個梵志會因一鉢蜜而得到如此多的利益呢？」

佛陀告訴比丘：「這個梵志非但今世以一鉢蜜，多所饒益，前世宿命也是如此，在很久很久的過去世之前，有一個婆羅門，自己住在閑居寂寞之處，非常喜歡供養仙人。當時有一個仙人，得五神通，見此婆羅門心之所念，就在樹下閑居之處，踊身空中，安住在他人面前。婆羅門看見後，歡喜踊躍，善心性起，即歸還家中，盛了滿鉢的蜜，敬奉仙人。當時仙人接受此供養，飛在虛空。婆羅門由於此布施的功德，後來作了國王。名叫蜜具。以政法治國，壽終之後，得生天上。」佛陀告訴眾比丘：「當時的五通仙人就我，梵志就是今天的梵志，當時他施蜜受到天人的福報，現在布施則得到解脫的福報。」

除了如來之外，佛陀的弟子也有許多具足宿命通。

這些具有宿命通的弟子，也常以此神通力幫助眾生。像經論中常見的五百羅漢，就是這類的例子。在佛典中，如《佛五百弟子自說本起經》、《佛說興起行經》及《法華經》〈五百弟子授記品〉、《涅槃經》等都說明了有關五百羅漢的本生、因緣及未來的授記等。佛陀的聖弟子具足宿命通，自憶起自己及他人的本生，並學習佛陀予以教化，在經典中極爲常見。以下介紹目犍連的因緣。

有一天，目犍連行腳到恒河的岸邊，當時已經是暮色蒼茫的黃昏，目犍連想到夜晚行化不便，他就在恆河的岸邊樹下靜坐。

夜晚到了，不一會，恆河的河邊聚集了很多的餓鬼，想取水來解除饑渴，但卻有一個兇惡的守水鬼，手執鐵杖前來驅馳，眾鬼因此不敢走近水邊。目犍連端身正坐，見到那些餓鬼受罪不同，就把他們叫來身邊。不只人喜歡問三世因果，鬼也喜好此道，他們向目連一一請問其罪業因緣。

第一個鬼問道：

「尊者！我們先世爲人，現在墮入餓鬼道中的餓鬼之身，常患饑渴，聽說恆河水味清涼，但來取食的時候，水又沸熱，只要飲上一口，五臟六腑都會焦爛，而且有守水鬼，以鐵杖追打驅逐，請問尊者，我們在生前患了何種罪業，才會受如此苦報？」

目犍連以宿命通觀察，即刻告訴餓鬼說道：

「你先世所作的職業，是算命之人，在相人吉凶時，虛言多於實話，毀譽隨你的心想而談，自稱明白，實在是欺誑，而且爲了求得利養，不惜迷惑眾生，所以才有如此業報。」

第二個鬼問道：

「尊者！我常常被一些兇猛的大狗，噉食我的身體，肉吃盡時，風吹骨頭，又再復生。不知是什麼因緣，使我受到如此的苦報？」

「這是因爲你先世殺害雞鴨豬羊，祭神拜天，殺業太重，所以受此果報。」

「尊者！」第三個鬼問道：「我的腹大如甕，然而咽喉卻細的像針，見到珍餚美味的飲食，卻不能進食，不知是什麼因緣，而受此苦報？」

「這是因爲你先世爲官作宰，自恃豪強，恣情縱樂，輕易欺誑他人，霸佔別人的血汗所得，所以現今受此苦報。」

第四個鬼也來問道：

「尊者！我的身上長滿口舌，而血液常從身下湧上，使得頭如斗大。血管每每像要破裂一般，命若游絲，不知是何因緣，受此苦報？」

「這是因爲你先世喜歡談論是非，說人短長，出言吐語，沒有想利樂眾生，所有語言，都是增長他人苦惱，所以現今受此果報。」這是目犍連尊者以宿命通爲眾鬼開解迷津的故事。

因緣法是佛法的核心，因緣果報則是世間相續的事實。但因果並非宿命，因爲宿命違反了因緣法，也不是因果的實相。因緣法是說明一切的眾相，都是由因緣條件所構成，並沒有獨立不變的實體，也沒有非因緣而現起的果報。

所以在佛法中，講述因果的事實，是在說明果報生起的原因，並非宣說沒有因，卻必須接受一種宿命的果；兩者完全相反，一是有因緣的無常論，一是不論根由的命定論。

因此，任何因果的事實，就佛法而言，都是爲了使生命昇華增上，離苦得樂，究竟解脫的教本。因果的教材，就是正確的生命實驗與錯誤生命實驗的教本，我們依據這樣的生命經驗而學習增上。

所以，宿命通在佛法的教學上，有其重要的意義：

一、宿命通可以用來釐清生命現象的因果道理。

二、宿命通觀察因果，可以作爲生命學習的經驗範本。

三、宿命通可以觀察眾生根器，找到最合適的教育方法，以幫助其昇華解脫。

因此，宿命通在佛法中，運用極多，但如果不能正確理解因緣法及因果的眾相，而錯認爲宿命觀，就完全違反了因果的實相。

如意通

如意通（梵文 riddhi viṣaga-jñānaṁ）是能隨意自在飛行，自在轉變境界，化現人等的神通力，又稱爲身通、神足通、如意足通、身如意通、神境智通、神境智證通、神境智作證通。

關於如意通的範圍，涵蓋很廣，甚至安住於智慧，對順、逆皆住於不動的捨心，能生起正念正知，如意自在，都是屬於如意通的範疇。

如意通又名神足通，在《大毗婆沙論》卷一四一中說，這是由於此通所欲願一切如意，所以名爲「神」，引發於神，故名神足。

在《大智度論》卷五中記載如意通有能到、轉變、聖如意等三種型態。

1.能到：有四種類，一者身能飛行，如鳥飛空無礙；二者移置遠方的空間使其變近，不必前往就能到達；三者從此沒從彼出；四者一念能至。

2.轉變：這是指如大能變化作小，小能變化作大，一能作多，多能化作一，種種諸物皆能自在轉變。

3.聖如意：指能觀察色、聲、香、味、觸、法中不可愛、不淨之物爲淨，觀可愛、淨物爲不淨。這種聖如意法唯佛獨有。

《大毗婆沙論》也將如意通分爲五種。

1.世俗所欣樂：即分一爲多，合多成一。

2.賢聖所樂：即於世間諸可意樂之事不住順境想，於諸世間不可意樂之事，不住違逆想。於可意、不可意事，皆能安住於捨，生起正念正知。

3.運身神用：這是指舉身凌虛，猶若飛鳥，也如同壁上所畫飛仙。

4.勝解神用：這是指神足通的無遠弗屆。由於此神通力故，或能安住於此洲，手捫日月，或在屈伸手臂之間，就到色究竟天。

5.意勢神用：這是指其眼識能抵達色頂，或上至色究竟天，或傍越無邊世界。

當初頻婆娑羅王被逆子監禁時，目犍連和富樓那就曾以如意通飛到監獄爲其說法。

當時提婆達多爲了鞏固自己的地位，唆使支持他的阿闍世王殺父篡奪王位，於是阿闍世王就將父王頻婆娑羅王囚禁起來，打算活活把他餓死。

頻婆娑羅王敬信佛法，對無常醜惡的世間心中坦然，他每天從監獄的窗子裏，遙望佛陀在靈鷲山上經行的身影，心中充滿了歡喜，忍不住虔敬的禮拜，每日也歡喜的念佛修行。有一天，他一心遙禮佛陀，並向佛陀祈請：「世尊啊！大目犍連是我的至親勝友，希望您慈心悲憫，讓他前來教授我八關齋戒。」

佛陀了頻婆娑羅王的心念，立即派遣目犍連前來。由於監獄戒備森嚴，除了王后之外，任何人都不准探親，所以目犍連就以如意通，直接從靈鷲山上，如鷹隼飛空一般，迅疾飛到國王面前爲他授戒說法，有時則是富樓那尊者前來，而頻婆娑羅王就每日在監獄中專心的修行，最後在當生成證了三果聖者阿含那的境界，不再還入生死，在法喜中離開人間。其中目犍連所示現的，就是身能飛行的如意通。

佛陀在教化眾生時，也經常示現如意神通來使信眾生起信心。

曾經有一位滿賢長者，敬奉如來及比丘僧大眾，前去受其供養，於是如來命弟子自皆乘神通前往受其請。當時這些比丘，受佛敕教，皆乘著虛空往彼而去。

到了彼國，佛陀以神力，將千位比丘隱身，自己一個人持著鉢，來到滿賢的居所。

這時長者，聞佛來此，就叫五百徒眾，各自齎持百味飲食，奉迎如來。他見到世尊具足三十二相、八十種好，全身光明暉曜，如百千個太陽，安詳雅步，威儀具足。於是不禁前禮佛足，並說：「善來世尊！慈哀憐愍，今願納受我等施食。」長者這才注意到只有佛陀一個人前來應供，比丘弟子都沒有來。

佛陀對滿賢說：「沒關係，你可以將要布施的食物，全部投於此鉢中。」於是長者及五百徒眾，將所齎持的飲食，各各親手投入佛鉢中，奇怪的是，這麼多食物，卻不能使鉢滿溢，長老不禁發出贊嘆：「奇哉！世尊，有是神力！」於是長老的心調伏了，而原先隱形的千位比丘僧，也都現身，圍繞著佛世尊，而他們手中的鉢也都滿了。

當時滿賢長者歎未曾有，即便以自身五體投地，發起大誓願，願以此施食善根功德，於未來世中，爲盲冥眾生作其眼目，無歸依者，爲其作歸依，無救護者，爲其作救護，未解脫者，爲其作解脫，未安隱者，爲其作安隱，未涅槃者，令入涅槃。

世尊並預記他來世，經過三阿僧祇劫，能具菩薩行，修大悲心，滿足六波羅蜜，當得成佛，號爲滿賢，所度化眾生，不可限量。

這種隱現自在，一能作多，多能作一，都是如意通的自在神變。

在《瑜伽師地論》卷三十七中，則更進一步把佛、菩薩的神境智通分爲能變通、能化通二種。其中，能變通就包括了振動、熾然、流布、示現、轉變、往來、卷、舒、眾像入身、同類往趣、顯、隱、所作自在、制他神通、能施辯才、能施憶念、能施安樂、放大光明等十八時種神變。能化通則有化身、化境、化語三種化事。

由此可見，如意通的神力作用涵蓋範圍非常廣泛。

當初佛陀在忉利天宮爲佛母摩耶夫人宣講《地藏經》時，十方無量地藏菩薩的化身來集，連一切菩薩也無法思惟了知其數量，只有如來能了知，最後無量分身地藏合爲一身，這種神變也是如意通的一種。

此外，能自在轉變物質，也是常見的如意通變化。

當初西域的高僧佛圖澄來到中國，看到石勒殺戮沙門，於是決定度化他。由於石勒並不通達深理，於是佛圖澄就以神通來使其生信。石勒與佛圖澄相會時，就問道：「佛道有何靈驗呢？」

佛圖澄回答：「至道雖然深遠，卻可以用身邊親近之事來驗證。」

於是佛圖澄命人取一缽清水來，焚香持咒，不一會，水中竟然出生一朵青蓮花，光色奪目，石勒因此深深信服。這種憑空從水中生出蓮花的神力，也是屬於廣泛的如意通之一。

《大毘婆沙論》卷一七七中，記載有過去世的底砂佛，在吠琉璃的龕中，結跏趺坐，入火界定，經七晝夜受妙喜樂，威光熾然。而古來一些具如意通的大阿羅漢及大成就者，將入涅槃之際，也多是發出十八種神變，最後以火界三昧，自己焚身成舍利而入涅槃。

佛弟子中也有許多具足如意通者。

在前面第二章富那奇的因緣中，當時佛陀命阿難召集弟子中具足如意神足通者，前往受富那奇之兄羨那供養，其中就說：「如是次第有五百神足弟子，各各現變，不可稱許。」

經中描寫大迦葉及舍利弗神足通變化的情景：大迦葉尊者於空中化作三寶講堂，以七寶莊嚴校飾，奮身光明，晃昱四布。

緊接著大迦葉尊者之後，是舍利弗尊者，他乘著千師子，盤於身下以爲寶座，獅頭皆四出，口中雨下七寶，雷吼咆哮，震動天地。又在其上，敷陳大寶床，莊校嚴飾。舍利弗尊者處於其上，身上放出光明，普照四或。飛騰於虛空中，翺翔而至。這種種神異的變化，都是如意通的變化之一。

由以上隱現自在、多化爲一，一化爲多，及物質間自在轉變無礙的變化作用看來，可以看出如意通是變化極爲豐富的神通類型。

漏盡通

漏盡通（梵文 āsravakṣaya-jñānaṁ）「漏」是指「煩惱」，是指使眾生流轉生死的雜染的心理成分。「漏盡」是指煩惱淨盡，內心的染污成分完全消除，這也就是佛法中的解脫境界。證得這種境界，則不再墮入生死輪迴，這是佛法最重要的神通。

這時內心的貪嗔痴等諸毒盡除，就像樹木的根被刨起來，雖然枝幹暫時還會繼續生長，但終究會乾枯。而證得漏盡通的聖者也是如此，雖有些習氣尚未完全去除，但是根本會輪迴的煩惱已經斷除了。而前五種神通是凡夫也能證得的神通，而漏盡通則是聖者的境界。在佛法的「三明」之中，這種境界也是其中之一，稱之爲「漏盡智證明」。

經典中常可見到開悟的聖者解脫而生起漏盡通，佛陀的侍者阿難就是著名的例子。

佛陀入滅之後，爲了使正法久住世間，由大迦葉召集的法藏結集，也加緊腳步的展開，將如來的教法，透過聖弟子共同審訂，使正法無有謬誤地流佈後世，是聖弟子無旁貸的。

結集大會的召開，首先最重要的是參與結集的人選。當時迦葉尊者與五百位大比丘僧在毘舍離，除了阿難之外，餘者都是漏盡的大阿羅漢。在結集經論的人選中，許多人都認爲阿難隨侍佛陀最久，聽的法最多，應該讓他一起參與結集。但是大迦葉卻認爲，阿難雖然多聞，但卻還未得漏盡，未入聖者之流，怎能堪此重任？因此反對將阿難列入結集人選中。阿難不知道這個消息，還忙著爲信眾說法。

由於阿難是佛陀的侍者，佛陀入滅之後，許多施主、信眾都把對佛陀的哀慕之情，移轉到阿難身上，而請阿難日夜爲他們說法，於是阿難應大眾之請，連續說了四天四夜，而講堂內大眾來來往往，就彷彿佛陀在世一般。

這時，有一位跋耆比丘，在精舍內坐，卻被來來往往的聽法大眾吵雜得無法安寧。他認爲阿難應該精進勤求開悟，增長定力，徒然多說是無益的。於是他就對阿難說了一首偈：

「靜處坐樹下，心趣於泥洹，
汝禪莫放逸，多說何所爲？」

阿難聽了很難過，其他比丘又趕來告訴他，迦葉尊者並未將他納入結集名單中，讓他受到更大的刺激。

於是阿難在當夜發奮用功修持，精勤的坐禪、經行，思惟正法，希望能開悟解脫，但是卻依然無法悟入聖道。經過了初夜、中夜、後夜，他疲憊極了，想先小睡一下再起來用功。就在一切放捨，頭未至枕頭之際，豁然大悟，證得漏盡通，成爲開悟的阿羅漢。

第二天，他到大迦葉尊者處叩門，迦葉尊者回答他：「我不開門，你從鑰匙孔進來吧！」於是阿難尊者就以神通力從鑰匙孔中進入。於是，在大迦葉的帶領下，五百位大阿羅漢將如來的正法結集傳世，爲後世的眾生留下解脫的妙法。

阿難所證得的漏盡通，就是一切解脫的聖者開悟時所證得的神通。

此外，在六通中的前五通，天眼通、天耳通、他心通、宿命通、如意通等前五通，是世間一般人，不管是經由自力或他力都能獲得的神通能力，但是六通中的「漏盡通」，以智慧徹底斷除一切煩惱，解脫自在的神通，這種依智慧力所成的神通，則是佛教特有的，是解脫的聖者才具有的神通。

但是，是不是所有解脫的聖者都同時具足六種神通呢?並不一定如此。解脫的阿羅漢，一般可分爲「慧解脫」與「俱解脫」二大類，慧解脫阿羅漢，常在未到地定或初禪的境界中，就發起斷除我見爲根本的一切煩惱，不再輪迴生死，但由於其尚未證入更高的禪定，而有定障，所以有時還是沒有發起前五通的廣大變化作用。在禪法中未證得滅盡定，而可發起慧觀解脫的禪定，稱爲七依處。這七依處包括了初、二、三、四禪及空無邊處、識無邊處、無所有處，在這七依處及前述未到地定徹悟解脫者，就稱爲慧解脫阿羅漢。

慧解脫阿羅漢，不管在何種定境中解脫，對於自身解脫處以上的定境，並不能自在獲得，而有定障的存在，所以不能得定、慧俱解脫的境界，而其神通力量，也依據是否修學而具有，不像俱解脫阿羅漢，能自在證得全部的六通。

有的阿羅漢是先入於慧解脫，這時必然具足一切煩惱淨盡的漏盡通，但還不一定有前五通。有的則是先具足慧解脫，再上證「俱解脫」。而有的則是在智慧、禪定上同時解脫，這時除了漏盡通之外，更具足前五通的神通變化，這就是「俱解脫」。前述所說阿難悟道的故事，就是俱解脫的類型。

除了慧解脫及俱解脫之外，如果只有禪定能力，是不稱爲解脫的，雖然具有這種定能力者，能發起廣大神通，具足六通中的前五通，但是卻沒有具備最重要的智慧神通——漏盡通，無法解脫煩惱，是世間一般人都可以達到的。所以，在佛法中，最重視的是智慧神通，而不是前面五種神通，很多阿羅漢在開悟時，並沒有具足前五通，而是先具足漏盡通再修學前五通。

大迦葉尊者出家之前的妻子，後來出家的妙賢比丘尼，就是悟道之後才學習神通的。

妙賢比丘尼剛開始在佛陀座下出家時，由於容貌非常美麗，每當她進城托鉢時，總會聽到譏嫌的話語。妙賢本來是大家閨秀，受不了這樣的譏嫌，寧願挨餓也不去托鉢。大迦葉尊者非常同情她，就將自己托鉢所得分一半給她。

但這卻引起比丘尼僧園中另一種流言，說大迦葉夫婦在家時遵守著清淨的戒行，沒想到出家之中反而私情相愛。大迦葉尊者聽到這種輕謗，就決定停止對妙賢的接濟，而要她善自精進，剋期取證。

妙賢比丘尼受到這個刺激，生起了極大的慚愧心，勇猛精進，終於在當夜證得阿羅漢果，不怕人家的議論，能進城托鉢了。

但是，由於宿世的惡業，即使證了阿羅漢果，也無法避免果報現前。

當時，阿闍世王聽信提婆達多的話，害死父親頻婆娑羅王之後，懊悔莫及，憂惱非常，既不處理國政，也不接見群臣，獨自在宮室之中，大臣想盡了方法，想使他忘卻憂愁，但他對於任何娛樂，任何歌舞，任何美女，都已沒有了興趣。

此時阿闍世王的大臣正好見到妙賢比丘尼到城裏托鉢，驚爲天女下凡，他相信這個美女必定能博取阿闍世王的歡心，便將妙賢比丘尼抓起來帶進了王宮，強迫她換上宮裝，配上假髮，掛上瓔珞，塗上香油香膏，送進阿闍世王的寢宮，這位驚世美女，即使是憂傷的阿闍世王也不禁眼睛爲之一亮。

妙賢比丘尼，已經是悟道的阿羅漢，不再受五欲之樂，她想把自己的身分告訴阿闍世王，但是由於她的惡業現前，竟使她失去了反抗的能力，也使她說不出話來，而任由阿闍世王凌辱。

直到第二天早晨，比丘尼們發現妙賢失蹤了，才由蓮華色比丘尼乘著神足通，飛到王宮的高樓上空，教導妙賢比丘尼發起神通，而得以脫離險境。這是妙賢比丘尼先發起漏盡通，後修學五通的故事。

佛陀依照其在菩提樹下修證開悟，所發起的六種神通，把神通法門建構成完整的體系。

在這六通中，天眼、天耳、他心、宿命、神足，是世間共通的神通，只要修觀禪法或運用特殊的方便，不管是世間凡夫或是任何宗教的修行人，都能證得。但對佛法而言，最核心、最重要的神通是第六種神通：漏盡通。將所有的煩惱痛苦完全淨除，而獲得圓滿的智慧，才是最殊勝、最究竟的通。而漏盡通，只有阿羅漢、辟支佛或菩薩、佛陀方能得證，是佛法中不共的神通。

因此，佛教神通觀的發展，從禪定爲根本，昇華到完全以智慧爲重心，在教法及神通的修學上是完全合理的。而且只有具足智慧的神通，以智慧發起的廣大神通，才能讓人生完全的光明、幸福，也方能帶給眾生無盡的喜樂與究竟的圓滿。

神變與神力

在經典中，常將佛菩薩的神通變化稱爲「神變」（梵文 vikurvaṇa），是指佛、菩薩爲了教化眾生，以超越人間的不可思議神通力，所做的種種神通變化。又稱爲「神變化」、「神」、「變」。

如《長阿含經》卷一中，就有描寫：「於大眾中上昇虛空，身出水火，現諸神變，而爲大眾說微妙法。」《菩薩瓔珞經》卷一也說如來：「放大光明靡所不照，復以神變感動十方。」在《大日經疏卷一》也提到佛菩薩以神變加持眾生，即佛菩薩爲了教化眾生，於其身上示現種種不可思議之變異，並依此神變加持力，使眾生蒙受利益。

《大寶積經》卷八十六中則舉出如來有三種神變：說法、教誡、神通等三種神變，分別對應於意、語、身等三者。

此外，最常熟爲人知的神變，則是如來的十八種神變。神足通的能變：有震動、熾然、流布、示現、轉變、往來、卷、舒、眾像入身、同類往趣、顯、隱、所作自在、制他神通、能施辯才、能施憶念、能施安樂、放大光明等十八種，又稱為十八神變。

在不同的經典中對十八神變的內容也有不同的說法。

在《法華經》〈妙莊嚴王本事品〉所說的十八種神變則是：⑴右脇出水，⑵左脇出水，⑶左脇出火，⑷右脇出火，⑸身上出水，⑹身下出火，⑺身下出水，⑻身上出火，⑼履水如地，⑽履地如水，⑾從空中沒而復現地，⑿地沒而現空中，⒀空中行，⒁空中住，⒂空中坐，⒃空中臥，⒄或現大身滿虛空中，⒅現大復小。

而《瑜伽師地論》卷三十七所說的十八種神變如下：

⑴震動：指能普動一切世界。

⑵熾然：指身上出火，身下出水。

⑶流沛：指流光遍照。

⑷示現：指能隨其所欲，示現佛土。

⑸轉變：令火成水，令水成火。

⑹往來：謂往來山石之中，無所障礙。

⑺．⑻卷、舒：謂能卷舒雪山等。

⑼眾像入身：謂納大眾、大地於己身中。

⑽同類往趣：謂能往趣彼處，同其色類。

⑾隱、顯：是指隱身顯現出沒自在。

⑿所作自在：指能往來去往，毫無礙難。

⒀制他神通：指對一切具神通者所現起之神通悉能制伏。

⒁能施辯才：指一切有情辯才窮盡時，能給與辯才。

⒂能施憶念：指如果一切有情於法失於正念時，能使其憶起正念。

⒃能施安樂：指能令聽法人者身心安樂。

⒄放大光明：指身能大放光明，作諸佛事。

除了神通、神變之外，神力也是和神通密不可分的。

佛教中的神力（梵 rddhi）是指佛、菩薩示現種種不可思議的力量。在《法華經玄贊》卷十中說：「妙用無方曰神，威勢能摧為力。」其中解釋神通力的意義，「神」是指妙用廣大無邊，「力」是指能摧壞一切的巨大之力。

例如，在《法華經》中，就有〈如來神力品〉，如來示現十種不可思議的神變，使大眾生起甚深的信心，並鼓勵大眾一心受持、讀誦、流佈、如說修行。

在《法華經》．〈如來神力品〉第二十一中如是記載：「爾時世尊於文殊師利等無量百千萬億舊住娑婆世界菩薩摩訶薩，及諸比丘、比丘尼、優婆塞、優婆夷、天、龍、夜叉、乾闥婆、阿修羅、迦樓羅、緊那羅、摩睺羅伽、人非人等一切眾前，現大神力，出廣長舌上至梵世，一切毛孔放於無量無數色光，皆悉遍照十方世界。

眾寶樹下師子座上諸佛亦復如是，出廣長舌，放無量光。釋迦牟尼佛及寶樹下諸佛，現神力時滿百千歲，然後還攝舌相。一時謦欬，俱共彈指，是二音聲遍至十方諸佛世界，地皆六種震動。

其中眾生，天、龍、夜叉、乾闥婆、阿修羅、迦樓羅、緊那羅、摩睺羅伽、人非人等，以佛神力故，皆見此娑婆世界無量無邊百千萬億眾寶樹下師子座上諸佛，及見釋迦牟尼佛共多寶如來在寶塔中坐師子座，又見無量無邊百千萬億菩薩摩訶薩及諸四眾，恭敬圍繞釋迦牟尼佛。既見是已，皆大歡喜得未曾有。

即時諸天於虛空中高聲唱言：「過此無量無邊百千萬億阿僧祇世界，有國名娑婆，是中有佛名釋迦牟尼。今爲諸菩薩摩訶薩說大乘經，名妙法蓮華教菩薩法佛所護念。汝等當深心隨喜，亦當禮拜供養釋迦牟尼佛。」

彼諸眾生聞虛空中聲已，合掌向娑婆世界作如是言：「南無釋迦牟尼佛！南無釋迦牟尼佛！」

同時以種種華香、瓔珞、幡蓋及諸嚴身之具、珍寶妙物，皆共遙散娑婆世界。所散諸物從十方來，譬如雲集變成寶帳，遍覆此間諸佛之上。于時十方世界通達無礙，如一佛土。」

如來示現了以上神通之後，又於〈囑累品〉中記載：爾時釋迦牟尼佛從法座起，現大神力，以右手摩無量菩薩摩訶薩頂，而作是言：「我於無量百千萬億阿僧祇劫，修習是難得阿耨多羅三藐三菩提法，今以付囑汝等，汝等應當一心流布此法，廣令增益。」

《法華經》中佛陀的十種神變，被歸納稱爲「十神力」：

1.出廣長舌，上至梵世。

2.由無數毛孔放無數色光，遍照十方世界。

3.攝舌相而謦欬（輕咳一聲）。

4.彈指。

5.由謦欬及彈指這二種音聲，大地生六種震動。

6.由震動而普遍十方世界之眾生皆來集會。

7.天龍、夜叉等見此盛會之莊嚴，百千萬億之菩薩及諸四眾恭敬圍繞釋迦牟尼佛，生大歡喜心，於虛空中高唱奉勸禮拜供養釋迦牟尼佛。

8.諸眾生聞虛空中之聲，合掌向娑婆世界，歸命稱名。

9.以種種之華香、瓔珞、幡蓋等遙散娑婆世界。

10.十方世界通達無礙，如同一佛土。

世尊於一切人、天大眾面前示現巨大神力，出廣長舌直至上方梵天世界，並從身上毛孔中放出無量無數彩色光明，遍照十方世界。

而在《華嚴經疏》卷五十二中則有神通與神力差別的討論，雖然神通與神力有許多交涉，但疏中認為：二者重點不同，神通是指神通外在作用自在，沒障礙，而神力則較偏重於內在的神力的勢能。

這些與神通相近的名詞，更進一步表現出種種神通變化更加豐富的樣貌。

佛教神通的特色

佛法的神通，除了與世間相近的神通現象之外，在根本上的不同，則是佛法的神通以智慧爲體性。經典中常以「明」來強調神通的智慧體性。

明，（梵語 vidy）音譯作吠陀、苾馱，即灼照透視。意指破愚癡之闇昧，而悟達眞理之神聖智慧。據佛地經論卷二載，由於明能除闇，故以慧爲自性；由於明爲無明之相對者，故以無癡之善根爲自性。據原始佛教經典三轉法輪經載，修八聖道，解四諦理，成就眼、智、明、覺（皆表智慧之語），即得趣入涅槃。

在佛法中，一向認爲最高的神通是智慧，因此智慧是超越一般神通的，這種特質，我們可以從佛陀住世時，座下的聲聞弟子中的兩位領導人物，分別是智慧第一的舍利弗和神通第一的目犍連來觀察。

有一次，這兩位尊者爲了聞法而示現神通，由這個神通事件可以看出智慧與神通的差異。

有一天，如來在阿耨達池邊爲諸比丘說法，當時舍利弗並不在場。於是佛陀就叫目犍連去請舍利弗來。

目犍連於是以神足通來到了舍衛城中舍利弗的住處，舍利弗正好在縫補衣服。目犍連就說道：

「舍利弗！佛陀要我來請你到阿耨達池邊說戒的地方去。」

「謝謝你，但是請稍等一會，等我把衣服補好。」舍利弗回答。

由於目犍連急著要叫舍利弗去聽法，就對他說：「如果你不立刻出發，我就用神足通把你連同這石室放在手掌心，帶到佛陀說法的地方去。」

舍利弗看見目犍連對自己的神通力很自豪的樣子，於是就把衣帶放在地上，對他說：「那麼你先試試看移動這條腰帶。」

目犍連就用手去拿，卻不能移動一絲，於是他以神通力盡力舉起，甚至大地都爲之震動，衣帶還是不爲所動。連阿耨達池法會的大眾都感受到大地震動，而請問佛陀爲何會如此？

佛陀微笑的回答：「這是目犍連在取腰帶。」

目犍連怎麼試都無法移動腰帶，最後他放棄拿起了。就以神足通先回到佛陀說法處，沒想到當他到達時，卻看見舍利弗已經坐在佛陀的身旁了。

由此我們可以看出，具足智慧的神通還是勝過單純的神通。

⊙通與明的差別

在《大智度論》卷二中，記載著「通」與「明」的不同：

「神通、明有何等異？」

答曰：「直知過去宿命事，是名通，知過去因緣行業，是名明，直知死此生彼，是名通，知行因緣際會不失，是名明。直盡結使不知更生不生，是名通，若知漏盡更不復生，是名明。」

以「宿命通」和「宿命明」為例，兩者有何不同呢？如果能了知過去宿命現象，如此名為「宿命通」，如果能進一步了知過去因緣行業，如此稱為「宿命明」。以下這個故事可以很清楚的說明宿命通和宿命明的不同。

佛陀住世的時代，有一個年輕的屠夫，求見阿闍世王，向大王請求一個奇怪的願望：「大王，在節會祭祀時，必須屠殺牲畜，請大王賜我盡情的屠殺。」

阿闍世王很奇怪，就問他：「這種屠殺的事，大部份的人都不樂意擔任，你爲什麼樂此不疲呢？」

「因爲我往昔就是由於屠羊而獲得生天果報的。」

原來這個人生來有宿命通，能看到前生之事：「往昔我原來是個窮人，以屠羊爲業，得以生活，也因此而得生四天王天，天壽盡後來生人間，又再繼續屠羊，死後又生於第二天，如是六世皆以屠羊爲業，而能六次生於天上。」

阿闍世王對他的話感到很懷疑，就去請問佛陀。

佛陀說：「此人確實沒有妄語，因爲他的確看到如此。但是其宿命通剛好只能看到六生前，無法看到七生前。他在七世前，曾經遇到辟支佛，心中非常歡喜，至心諦觀，生起善心，因爲這個功德，而能六次生於天上，而且具有天生的宿命通。」

佛陀說：「他所做的福報成熟了，所以受生天上，但屠羊的惡業尚未成熟，所以未報，但是，實際上當他今生命盡時，就會落入地獄受諸苦毒。由於他的宿命通很淺薄，只能看到前六世，而誤以爲屠羊是生天之因。」

七天以後，屠夫果然命終，落入地獄承受苦報。

由這個例子，我們可以看到「宿命通」和「宿命明」的不同，宿命通只能看到過去生的生命現象，卻無法明晰了解其因緣，而宿命明則是除了看到現象之外，還能了解現象背後的因緣。

同樣的，能觀察從此生死後投生彼處，是名「天眼通」，能了知爲何如此的因緣際會，不失正念，則稱爲「天眼明」。就如同古代兩個具有神通的人，同時以天眼觀察未來，其中一人看到汽車在街上奔馳，但可能只能看到車子，卻不知道這個東西是做什麼用的。而另一個具有天眼明者，他不但看到，而且能了知這是一種交通工具，在過去是牛車、馬車，後來演變爲汽車。

同樣的，如果能斷除煩惱，稱爲「漏盡通」，但不知其未來否會再生起，如果了知煩惱盡除後，不再生起，如此稱爲「漏盡明」。

這種智慧神通是已經解脫的大阿羅漢、大辟支佛才有的。但是這和如來的神通境界又有差別，阿羅漢、辟支佛雖然能了知過去、現在、未來種種因緣，卻尚不能遍達。

在經典中常將三明六通並列，以形容證得具解脫的大阿羅漢。所謂的「三明」（梵語 tri-vidya），又稱爲三達、三證法，達於無學位，除盡愚闇，而於三事通達無礙之智明。即：

1.宿命智證明，又作宿住隨念智作證明、宿住智證明、宿住智明、宿命智。是指明白了知我及眾生一生乃至百千萬億生之相狀之智慧。

2.生死智證明，又稱爲死生智證明、天眼明、天眼智。即了知眾生死時生時、善色惡色，或由邪法因緣成就惡行，命終生惡趣之中；或由正法因緣成就善行，命終生善趣中等等生死相狀之智慧。

3.漏盡智證明，又作漏盡智明、漏盡明、漏盡智。這是了知如實證得四諦之理，解脫漏心，滅除一切煩惱等之智慧。

這三明相當於六通中的宿命通、天眼通及漏盡通。由於三者都是以智慧對治愚痴，所以稱爲三明。在《俱舍論》卷二十七中將這三明，稱爲無學明，即這三明是由無學的阿羅漢聖者所生起的境界。其中前二明有時也起於前三果的有學聖者而不限於四果阿羅漢，但是第三漏盡明則僅有阿羅漢能證得。

此外，在《瑜伽師地論》卷六十九中記載，宿命明可離常見，天眼明可離斷見，而漏盡明則可得中道。

在《大毘婆沙論》卷一〇二中記載，宿命明過去事而生厭離，天眼明見未來事而生厭離，漏盡明既已厭離，乃欣樂涅槃。

⊙菩薩的智明

在《華嚴經》中也記載著十地菩薩具有十種神通智明：

1.善知他心智明（他心智明）：如實了知一切眾生的心念。

2.無礙天眼智明（天眼智明）：指菩薩能照見種種眾生死於此處生於彼處，所投生的善惡諸趣，及其所受之痛苦快樂，乃至種種思願業行等。

3.深入過去際劫無礙宿命智明（宿命智明）：菩薩得證九世眼，所以對過去世一切世界自身及他者之本生因緣，以及過去諸佛因果等，悉皆能憶念。

4.深入未來際劫無礙智明（未來際智明）：菩薩能了知一切世界未來無量眾生的業報現象及未來諸佛的因果。

5.無礙清淨天耳智明（天耳智明）：即菩薩成就無礙天耳，於十方世界遠近等一切音聲皆能隨意而聞，於如來所說皆能聞持不忘失，廣說妙法而度化眾生。

6.安住無畏神力智明（神力智明）：菩薩能自在無礙來往參訪十方世界現在諸佛處所，讚歎供養，常聞正法，成滿勝願，修習無量妙行。

7.分別一切言音智明（分別言音智明）：菩薩能了解無量世界，無論是有佛法之地，或是無有佛法的非人等一切之語言及其法義。

8.出生無量阿僧祇色身莊嚴智明（色身莊嚴智明）：菩薩善知一切色身，而也深入無色身之法界，隨其所應住持而變現無量無邊之色身，以度化眾生。

9.一切諸法眞實智明（眞實智明）：菩薩了知一切法之眞實義，不執著世間方便之義理，也不執著究竟解脫的義理，不捨離本願，能攝取眾生，恆具足成就無礙自在的智慧作用。

10.一切諸法滅定智明（滅定智明）：菩薩在滅盡定寂然不動，而也不捨大慈悲，滿足一切菩薩行。

此外，在《華嚴經》卷五十四中，也提到菩薩有十種善巧智明。

1.知眾生業報智明：指菩薩以善巧智明，了達一切眾生造作諸惡業而受苦報。

2.知一切境界寂滅智明：指菩薩以善巧智明，了達世間一切境界清淨寂滅，無有一切雜染。

3.知一切所緣唯是一相智明：指菩薩以善巧智明，了知一切眾生所緣諸法，唯一實相之理，都如金剛一般堅固，不可破壞。

4.能以妙音普聞十方智明：指菩薩以善巧智明，了知眾生體性雖空，而能以無量妙音演說一切法，遍於十方界，無不聞知。

5.普懷染著心智明：指菩薩以善巧智明，普能滅壞一切眾生愛欲染著之心。

6.能以方便受生智明：指菩薩以善巧智明，能於十方世界種種方便，示現受生，化導有情。

7.捨離想受境界智明：指菩薩以善巧智明，於一切想念受用境界，皆能捨離。

8.知一切法無相無性智明：指菩薩以善巧智明，了知世間一切諸法，皆悉非相非無相，一性無性，離一切分別。

9.了知眾生緣起本無有生智明：指菩薩以善巧智明，了達一切眾生受生因緣生起之法，皆是空寂，本來無生。

10.以無著心濟度眾生智明：指菩薩以善巧智明，了知一切眾生雖皆空寂，而恒起無著之心，說法教化，使眾生度化生死苦海，成就無上正等正覺。

而在卷二十八〈十明品〉中，更別立出來說明菩薩的十種智慧之自在妙用無窮：

1.他心智明：全稱善知他心智明，指菩薩對一切眾生的心念，如實了知。

2.天眼智明：全稱無礙天眼智明，指菩薩明了無礙地照見一切色像。

3.宿命智明：全稱深入過去際劫無礙宿命智明，指菩薩對自己或他人的過去世事，悉能如實了知。

4.未來際智明：全稱深入未來際劫無礙智明，指菩薩如實了知一切眾生，於未來世流轉生死，若出若沒。

5.天耳智明：全稱無礙清淨天耳智明，指菩薩隨意自在聽聞十方世界一切音聲。

6.神力智明：全稱安住無畏神力智明，指菩薩具足無量不可思議大神通力，於十方世界，若來若去，自在無礙。

7.分別言音智明：全稱分別一切言音智明，指菩薩如實了知一切眾生的語言差別。

8.色身莊嚴智明：全稱出生無量阿僧衹色身莊嚴智明，指菩薩能化現種種色像，度化眾生。

9.眞實智明：全稱一切諸法眞實智明，指菩薩如實了知一切諸法。

10.滅定智明：全稱一切諸法滅定智明，指菩薩入於一切法寂滅正受，而不捨一切所行。

由通與明的分別，我們可以觀察到佛法神通的特色。以禪攝神通到以明攝神通，佛法對於神通的昇華發展，有著完整的體悟與掌握。

第四章 神通的原理

一切有為法，如夢幻泡影，
如露亦如電，應作如是觀。

——《金剛經》

如佛神通力所作化人，是化人復作化人，如化人無有事實但可眼見。又化人口業說法，身業布施等，是業雖無實，而可眼見。如是生死身作者及業，亦應如是知。

——《中論》卷三

佛教神通的理論基礎，建立在宇宙的實相，與對現空實相的認知。所以，由於體性空寂的緣故，自然能產生種種神異變化，而佛菩薩更因爲對衆生的廣大悲心，而從空的實相中生起如幻三昧，示現廣大神變。

佛教神通的原理，我們可以從構成宇宙的六大元素，既獨立同時又相互融攝的關係來找出神通變化的線索。從生命流轉的因緣，可以觀察時間序列的天眼通和宿命通，從諸佛菩薩的廣大悲智中，觀察不可思議的如幻神變。其實在體悟了法界的實相之後，會發覺這些神變，正如同我們的呼吸一樣，既自然又平常。

從舍利弗尊者爲比丘們解說神通的原理的比喻，我們可以掌握到神通變化的原理。

初昇的旭日，映著草地上的露珠晶瑩閃耀。尊者舍利弗威儀安祥地徐步走著，他持著乞食的鉢，從靈鷲山上出發，準備進入王舍城乞食。走了一段路，他在路邊看見一株大枯樹，就在樹下敷坐具，端身正座，爲同行的比丘大衆說法。

舍利弗告訴比丘們，如果有比丘修習禪思，證得神通力，心得以自在，心中欲令此枯樹成爲地，即時爲地。爲什麼呢？因爲此枯樹中有地界，因此，比丘得神通力者，就可以把枯樹變成大地。同樣的，如果有比丘得神通力，自在如意，欲令此樹成爲水、火、風、金、銀等物，皆能成就不異。

爲什麼呢？因爲此枯樹有水界等故。

因此，比丘！如果禪思得神通力能自在如意，欲令枯樹成金，即時成金不異。乃至其餘種種諸物，皆能成就不異。爲什麼呢？因爲枯樹有種種界的緣故。

因此，比丘禪思得神通力，即得自在如意，能成爲種種物悉能成就不異。

宇宙構成的實相

⊙宇宙萬象構成的六大元素

在佛法中，將宇宙萬象的構成元素，統攝成地、水、火、風、空、識等六大元素：

1.地大：地的體性是堅居不動，能止住萬物，有能持萬物的作用，所以表現於形象，是爲方形如同田地，表示於色彩則爲黃色，而其種子字爲「阿」，表示地是能出生萬物的根源，所以它本身有「本不生」的意義，用種子字中的「𑖀」（阿）來象徵不生義。

2.水大：水的體性爲濕潤，有攝受萬物的作用，形象表現爲圓形，色彩則成白色，水能浸透萬物，它的形狀沒有辦法固定，所以用種子字「𑖪」（縛）來象徵離言說的水大種子字。

3.火大：火的體性是暖性，有成熟萬物的作用，以三角形爲形象，以赤色來表色，火的性質，有成熟義，同時有燒萬物而使其清淨的作用，所以用種子字「𑖨」（羅）字來代表，象徵火大，有「無垢塵」之意義。

4.風大：風的體性爲動性，有長養萬物的作用，以半月形表其形象，以黑色爲其色彩（表示其不變而能含容一切色），風是動轉自在的，能含養萬物的，所以用種子字「𑖮」（訶）字爲種子字來象徵離因緣的風大。

5.空大：空的體性爲無礙，能包容一切，有不障的作用，以方圓不二的圓形（或稱寶珠形）而表其形狀，以青色爲色彩，同時空有無差別平等義，有無礙涉入之德，以種子字「𑖏」（佉）爲代表以象徵空大。

6.識大：「識」有了知之性質，有判斷或是決斷之作用，能以種種形爲形，種種色爲色，同時，「識」有摧破煩惱障礙的作用，所以用種子「𑖮𑖳𑖽」（吽）來代表，以象徵識大。

茲將六大的特性列表對照如下：

六大	性德	業用	形色	顯色	種子	字義
地	堅	持	方	黃	阿 a	本不生
水	濕	攝	圓	白	縛 va	離言說
火	軟	熱	三角	赤	羅 ra	無垢塵
風	動	長養	半月	黑	訶 ha	離因緣
空	無礙	不障	團形	青	佉 Kha	等虛空
識	了別	決斷	圓種種形	白	吽 hum	了義不可得

其實，任何物質都同時具備地、水、火、風四種特性，否則是不可能存在的。空是虛性，遍一切處，如沒有空的存在，物質即無處安立。所以空界具有與四大相異的特性。識是了別，意識的現象，存在於過去、現在、未來相續不斷之間，如瀑流、如陽焰，綿延相繼。

六大彼此的關係，可以用「異類無礙」與「同類無礙」來說明。

「異類無礙」是指六大的體性雖異，但每一大互具其他的五大，有著「互具」與「各具」的關係。所謂互具，是指六大互相具足的意思，即地大中必具其餘的水、火、風、空、識五大，水大中亦具其餘的五大，如是火大、風大、空大、識大也莫不具有其餘的五大。

六大雖然如此互相具足，可是，同時又是獨立的，即地大是地大，水大是水大，乃至識大是識大，不失其特性與業用等，萬有各守自性，彼此不會混亂。這樣，六大是互具、各具而不相離的，所以，全宇宙無一處不是地大的，水大的，乃至識大的。這無礙涉入的情形，就像六燈共照一室，光光涉入遍及室內，而六燈共成的一光不能一一分開一樣。

構成身心的六界、六處與宇宙的體性平等無二，是形成神通現象的主要原理。

⊙內在元素與外在世間的統一性

我們除了以六大來觀察外在的現象之外，也可以用來觀察生命自身的組成與外界的統一性。

在過去恒河沙劫時，有一位水天佛出世，他教導菩薩們修習水觀入三摩地。首先，要觀察自己身中的水性，從涕唾到津液、精血、大小便利，身中一切漩澓的水性都是同一的，接著見到水身中與宇宙中無數的香水海世界也等無差別。其中有一位月光童子依此修習成就了。

月光童子初修成水觀之後，只見到自身化成爲水，因此以水爲身。但是因爲他尚未得無相的境界，不能無身。有一天，當他正在修習水觀時，這時有一位童稚的弟子，窺探禪室，只見到清水遍在屋中，感覺十分好玩，就好奇的取了一片瓦礫丟在水中。只聽波的一聲，他嚇了一跳，趕緊顧盼而去。

月光童子出定之後，頓覺心痛。心想：「我現在已得阿羅漢，也久違病緣了，爲何今日忽然心痛，是不是境界退失呢？」這時，剛好童子前來自首，說明前事。

月光童子就要他再見到水時，可開門除去瓦礫。爾後，月光童子就重入水觀三昧，水與瓦礫又宛然出現了，於是童子就依月光童子的咐囑，取出了水中的瓦礫，待月光童子出定後，他的身體也就完好如初了。

後來月光童子又經過了無量時劫的修行，到了山海自在通王如來時，方得消融對身的執著，與十方世界，香水海空性相合，無二無別，而悟入水性一味流通的境界。這是月光童子體悟體內的水性與宇宙的水性一味，無二無別而成就的故事。

《中阿含》卷三〈度經〉中說：「云何六界法？我所自知自覺，為汝說，謂地、水、火、風、空、識界，是謂六界法。我所自知自覺，為汝說也。以六界合故便生母胎。」經中說：地、水、火、風、空、識界，稱為「六界法」，地、水、火、風、空四界是能造的大種，是一切諸物質現象之所止，空界是內外的竅隙，也能成為生長之因。這六界可說是生命相續存活之所依止。

除了六界之外，還有所謂的六界聚。界，界分之義；聚，聚集之義。指眾生之身乃是六大聚集，假合而成，而各有限制。根據《中阿含經》卷二十一〈說處經〉記載，佛陀命阿難當為諸年少比丘講說眾生之身為六大假合，使其捨諸欲而修梵行，即：

1.地界聚，地以堅礙為性；指人身中由「內地界」而受生成形者，即髮、毛、爪、齒、粗細皮膚、骨、肉、筋、腎、心、肝、脾、肺等類，稱為地界聚。

2.水界聚，水以潤濕為性；指人身中由「內水界」而受生成形者，即痰、髓、眼淚、汗、涕、唾、膿、脂、肪、血、涎等類，稱為水界聚。

3.火界聚，火以燥熱爲性；指人身中由「內火界」而受生成形者，即熱身、暖身、煩悶身、溫壯身及能消解飲食等類，稱爲火界聚。

4.風界聚，風以動轉爲性；指人身中由「內風界」而受生者，即出息、入息、掣縮風（凡身之動轉，皆屬於風）等類，稱爲風界聚。

5.空界聚，空以無礙爲性；指人身中由「內空界」而受生者，即眼空、耳空、鼻空、口空、咽喉動搖、食消下過等類，稱爲空界聚。

6.識界聚，識，即心識。識以分別爲性；指人身中之樂、苦、喜、憂等識，爲識大之假合，故稱爲識界聚。

《度經》，破外道宿命等三論，因說眼、耳、鼻、舌、身、意等六處法，與地、水、火、風、空、識等六界法。

構成自身與外界的六大元素統一性，是神通現象的根本原理。

生命現象的觀察

佛陀在菩提樹下悟道時，於初夜獲得宿住智，中夜得天眼智明，後夜觀察生命流轉的因緣，徹悟了因緣法。

在《方廣大莊嚴經》卷九中記載，釋迦牟尼未成佛前，爲菩薩身，在悟道時，於中夜分攝持一心，證得憶念過去宿命智，通觀過去自身及他者所受生事，皆悉了知一生二生乃至十生，百生、千生、萬生、億生、百億生、千億生，乃至照過無量百千那由他拘胝數生，乃至成劫、壞劫，無量無邊成劫壞劫，皆悉能憶知，一一住處若名若姓，若色相、若飲食、若苦樂，若受生，若死沒。所有色相住處事業，若自身若他人，皆悉了知。

菩薩又作是心念：「一切眾生住於生老病死險惡趣中，不能覺悟，如何能會具了知生、老、病、死苦蘊邊際？」如此思惟之後，觀察這個世間，看到眾生在六道輪迴的生死大海中升沉，而生起了無比的大悲心。這六道的眾生，終日經營著虛假不實的生活，有清淨的，有不清淨的；有善的，有不善的；到了命終的時候，隨著各人的造作，在六道中又受著種種不同的苦和樂的果報。

「這個生命流轉的主體是什麼呢？」菩薩思惟著。原來流轉的主體是苦。由這個主體回溯，而有生老病死的現象。

人為什麼會有「老死」呢？因為有「生」所以才有老死。

生又是從什麼地方而起的呢？這是由於一切善惡行為的業的結果，而非由神的力量而生，生是沒有自體的。就好像竹子才破了一個節，其他的節都有關係，這個生死的原因就是行為的「有」業，由於這個行為的有業所以生出「取」來，如火要有薪才會燃燒，這個好比薪的「取」又從那裏生出的呢？這就是由於叫做「愛」而生，好像星星之火，可以燎原一樣。

這個愛又是從那裏來的呢？這是由「受」而生的，好像感到苦痛就希求安樂，感到饑餓就需要飲食，希求受一切，所以對一切就生出愛來。

「受」是「愛」的原因，這個受又是從那裏生的呢？這一切的受是從「觸」而生的，感到一切的苦，想到一切的樂，因為有觸才知道的。觸是從那裏生的呢？這個觸是從眾生自己眼、耳、鼻、舌、身、意的「六入」而生。

這個六入是從那裏出生的呢？這是從「名色」而生的，名色好比是芽，六入好比是莖是葉，莖葉是由芽逐漸而生長的。

這個名色的根源又是什麼呢？這是「識」，識就好比生出名色之芽的種子。不過，有的時候，識是從名色生的；也有的時候，名色是從識生的，好像人有時候在船上前進，有時拉著船前進，也有時船與人同時並進。

識是從名色生出來的，名色是從眼耳鼻舌身意的六根而展開的。這中間有一種作用名叫「行」，這個行的根源是什麼呢？這就是所謂「無明」，也就是生死的根本。

由無明而起行，由行而有識，由識而展開名色，由名色而生六入，由六入而有感觸，由感觸而有受，有受而生愛，有愛而執取，有取而造業，由於業而有生，有生即有老死，一切生命所以輪迴流轉，生生滅滅，永無止息。

在《雜阿含經》中說：「我論因說因。……有因有緣集世間，有因有緣世間集；有因有緣滅世間，有因有緣世間滅。」有情生死相因，流轉不已；在有情看來的生命的自然現象，這是我們所看到一般的生命自然狀況是如此；但生從何處來？死往何處去？一般人並不清楚，只能無奈的接受生命這個事實。

但在佛陀而言並非如此，他已看到了宇宙的實相，對他而言，沒有一事是不了知的；因此，生命如何產生、如何流轉、如何還滅，佛陀已完全通達，並將這個宇宙實相告訴了我們。

佛陀看到了宇宙的遷變，都是由條件所構成；凡是構成現象本身的，就是這個現象的條件，也就是「因緣」，因是主因，緣是助緣。而宇宙間一切法相的生滅變異，沒有一樣能離開因緣，一切都依於因緣。

我們之所以能夠趣向光明、能夠修行、能夠成佛，也是在這生滅因緣的把握中，依據宇宙實相、佛陀的教化去實行，去除染污，而達到還淨的歷程。人生現有的苦難，我們追究苦難的來由，而後來修習對治苦難的方法，依此實行，而達到苦難的還滅。我們要了知一切苦難生起與消滅的條件，使應生的生起，該滅的還滅。這也是釋迦牟尼佛初轉法輪時開示四諦的原由。

因緣有雜染的也有清淨的，而有情的生死流轉，佛陀以緣起法來解說。緣起法的定義是「此有故彼有，此生故彼生」，說明一切萬物相互依持而存在的法則。他的內容是：「謂無明緣行，行緣識、識緣名色，名色緣六處，六處緣觸，觸緣受，受緣愛，愛緣取，取緣有，有緣生，生緣老病死。」佛陀說這是「純大苦聚集」。

佛陀觀察宇宙人生所得的結論是，宇宙中沒有絕對的東西，一切要在相對的關係下才能存在。由於無明的蒙昧、愛的染著，生死識身不斷的相續，不斷的流轉於生死苦海；苦因、苦果，一切在無可奈何的苦難中成爲「純大苦聚」，這是有情的一切，也是生命的瀑流所顯現的宇宙現實。

依聖者的眼光觀察，整個生命界就宛如意識的海浪般，不斷的漂泊流轉。生命識流在如幻的世間中自執爲我，一浪推著一浪、一波推著一波，無盡的生命之流交織成奇幻的法界眾相，並在其中執著相續，永不停止的流轉。聖者觀察到這些生死之流是現空如幻，而且能清楚的觀察到，生生滅滅的一切因緣，並依此生起了甚深解脫的智慧。

從如幻產生的神變

空是法界的實相，但由於菩薩的悲心廣大難思，於是能從空中生出如幻的境界，現起不可思議的神通變化。

在佛法中，小乘是以解脫爲重心的，因此當一個人修證成爲阿羅漢或辟支佛時，就解脫證入於涅槃。同時他不再接受無明相續的生命存有，而證入寂滅的境界。

但是菩薩由於大悲心的展現，所以他能在現空的法界中，不入涅槃，而生起如幻三昧，示現無邊的幻化身，來救度眾生。我們可以從《地藏經》中看到地藏菩薩示現的故事。

當佛陀在忉利天上爲母親摩耶夫人說法時，在忉利天上，十方無量世界不可說不可說的一切諸佛及大菩薩摩訶薩，都前來集會，讚歎釋迦牟尼佛能在五濁惡世之中，示現不可思議的大智慧神通力量，調伏剛強的眾生，使他們知道生命的苦難而樂於學習佛法。

這時，百千萬億不可思、不可議、不可量、不可說、無量阿僧祇世界中，所有地獄之處的分身地藏菩薩，都前來會集在忉利天宮之上。因爲如來的威神力故，所以在各個方面，與得證解脫，從業道中已出離者，也各有千萬億那由他的數量，共同持著香華，來供養佛陀。

這些共同前來的眾生，都是因爲地藏菩薩的教化，而永不退轉於阿耨多羅三藐三菩提的人。這些大眾，在久遠時劫以來，原本流浪在生死之中，在六道受苦，而沒有休止的時刻，現在因爲地藏菩薩的廣大慈悲，與甚深誓願的緣故，都已各獲得果證了。他們到了忉利天宮之後，心中都懷著踊躍的心情，瞻仰著如來，而目不暫捨。

這時，世尊舒放起金色的手臂，撫摩百千萬億不可思、不可議、不可量、不可說、無量阿僧祇世界，各個分身的地藏菩薩摩訶薩的頭頂，並且說道：「地藏啊！我在五濁惡世，教化如此剛強的眾生，使他們心中得到調伏，能夠捨邪歸正。但是在十位當中還有一二位，尚留有惡習存在，而我也化成分身千百億，來廣設方便，救度他們。地藏啊！如果他們墮入惡趣，受到極大痛苦時，你應當憶念，我在忉利天宮之上殷勤的付囑著你，這娑婆世界從我滅度之後，乃至彌勒佛出世之前，這段無佛世界的眾生，都要使他們解脫，永離各種的痛苦，並能遇到佛陀而被授記！」

這時，所有世界的分身地藏菩薩，豁然又共同再恢復成為一身，涕淚哀泣的向大海說道：「世尊！我從久遠時劫以來蒙受佛陀的接引，而獲得不可思議的神通威力，具有廣大的智慧。

我現在所分身的身形，遍滿百千萬億恒河沙的世界，在每一個世界之中，又化現百千萬億身，每一身救度百千萬億人，使他們歸敬三寶，永離生死的痛苦，而至涅槃的喜樂。

只要他們在佛法中做了善事，就算只有一毛一、渧一沙一塵，乃至於毫髮許而已，我也會逐漸度脫他們，使他們獲得廣大利益。

唯願世尊不必為後世惡業的眾生憂慮！」

誓願弘深的地藏菩薩，以廣大的神通，分身千百億，遍佈無量世界，承受如來的咐囑，在無佛的世界，守護一切生命。

在經典中有所謂的如幻三昧，正是一切菩薩三昧的根本，也是諸佛、菩薩示現無邊妙身救度一切眾生的緣起。

修持如幻三昧的菩薩，雖然已經能夠自在地出入涅槃的境界，不受無明生命的存有，但是由於大悲心的緣故，仍然可以留惑潤生，不安止在寂靜涅槃之中，而廣度眾生。他可以在一切的法界因緣當中，參與救度其他生命的種種幻化。大悲菩薩修習三昧——空、無相、無願三昧，而不證入涅槃實際，顯現無邊廣大的救濟事業，這是如幻三昧現起的因緣。

因此，在《大寶積經》卷一百五善住意天子會〈神通證說品〉中，善住意天子請問如幻三昧的境界，文殊師利菩薩即為他示現了如幻三昧：

「時，文殊師利如言即入如幻三昧，應時十方如恒沙等諸佛國土一切境界，自然現前。」

依此可見文殊菩薩如幻三昧的廣大威力，也可了知如幻三昧能自然顯示一切諸佛國土微妙眾事。另外龍樹菩薩在《大智度論》卷五十中更說明入出如幻三昧的因緣：

「入如幻三昧者，如幻人一處住，所作幻事，遍滿世界，所謂四種兵眾，宮殿城郭，飲食歌舞，殺活憂苦等。菩薩亦如是，住是三昧中，能於十方世界變化，遍滿其中：先行布施等充滿眾生；次說法教化，破壞三惡道，然後安立眾生於三乘一切所可利益之事，無不成就。是菩薩心不動，亦不取心相。」

而此如幻三昧的現起，是菩薩在八地中順入眾生心，順觀一切眾生心之所趣，而發起大悲之後的成就。因爲菩薩若住於七地，不著我等二十種法見，盡行十八空而成具足空，一切無可得，欲取涅槃。這時，因自具大悲種種因緣及十方諸佛擁護，所以還生度一切眾生心，生起如幻三昧，示現不可思議境界。但因根本體性無著的緣故，所以心自不動，亦不取任何心相；因此，如是救度一切眾生，實無一眾生得度者。

菩薩常入如幻三昧，安住大悲，現觀一切眾生、法界如幻，而能予以無邊的救度。這時，由於如幻堅固如實，所以引生報生三昧，現起無邊身廣度眾生；這時，眾生應以何身得度者，則現何身而爲說法，就如同觀世音菩薩一般隨處應現，這是菩薩大悲如幻三昧不可思議的變化。

依佛法的觀察，法界是現空如幻，而體性一如的。因此宇宙的萬相正宛如幻人所作的幻事一般，幻起幻滅，並沒有不變的自體存在，因爲一切皆空，眾相一如，所以種種神通的變化，只要體悟宇宙實相，因緣條件具足，自然是水到渠成了。

第五章
佛菩薩的神變

是菩薩是法性身，住具足神通波羅蜜中，為供養十方佛故，以如三千世界珍寶供養。又此寶物神通力所作，輕細無妨，如第三禪遍淨天，六十人坐一針頭而聽法不相妨，何況大菩薩深入神通所作寶物？

——《大智度論》卷九十三

在許多大乘經典記載的神通變化的現象中，我們可以發現：一般的神通和佛菩薩的神變相較之下，就好像螢火蟲的亮光和太陽光相比，簡直是無法比擬。

佛菩薩所示現的廣大神變，不但在時間上橫跨了過去、現在、未來三世，在空間上也往往跨越了地球，廣達好幾億的世界之外，而微密時卻能同時於一毛孔尖端容受無限諸佛國土。而在這些描述菩薩廣大神變中，最精采的莫過於《華嚴經》。

在《華嚴經》中，首先描寫出佛陀成等正覺時所示現的廣大神變。

經中如此的描述：

當時，佛陀正安坐在摩竭提國的阿蘭若正法菩提道場中，他剛剛成就了無上正等正覺，圓滿菩提道而成佛。

這座正法菩提道場是以金剛作爲地基造就而成，十分的堅固，永不毀壞。美妙的寶輪和無數的寶花，以及清淨的摩尼寶珠，裝飾著大地，顯得十分莊嚴。這樣的景象，就宛如大海一般的深廣美妙、無邊無際，顯現著無比的莊嚴。天上更有摩尼寶珠所串成的天幢，時時散放無邊無際的光明，也恆常發出美妙的音聲。在整個莊嚴的大地四週，垂佈著各種寶物所圍成的羅網，以及妙香製成的華鬘瓔珞。凡此都是摩尼寶王自在地變化顯現的。

天上如雨滴般落下無盡寶物，微妙寶花遍撒於地；整個大地也莊嚴羅佈著成行成列的摩尼寶樹，這些摩尼寶樹的枝葉茂盛，並散發出無比的光明。在佛陀威神力的加持之下，整個道場的莊嚴景象宛如海中的倒影般顯現。

在這大地上的菩提樹，更是顯得格外莊嚴與高大鮮明，以金剛為樹身，用瑠璃作枝幹，更以許多微妙的寶物裝飾成枝條。由妙寶所形成的樹葉，相互交錯，橫垂而成的樹蔭宛如雲彩；而形形色色的寶花分枝布影，眞是莊嚴非凡。

這裡的菩提樹並以摩尼寶珠為果實，蘊含著光輝，放射出明亮的焰光，與眾多寶花相間排列。在這些菩提寶樹的周圍，釋放著無邊的光明，光明之中雨下無數的摩尼寶珠；在摩尼寶珠之內，同時出現雲彩般眾多的菩薩。現在，更因為如來威神力的加持，這些菩提寶樹不斷的發出微妙莊嚴的音聲，演說無盡的妙法。

這時，世尊端坐在獅子寶座上，於一切法當中成就了無上正等正覺。他的智慧於三世之中，一切平等；他的色身充滿了一切世界，微妙的音聲順暢的遍滿一切國土。就宛如虛空一樣，具含所有的影像，但是在所有的境界中又完全沒有分別；又宛如虛空一般，遍於一切，而能平等隨順的進入一切國土。他的身體普遍坐在一切的道場中，在所有的菩薩眾之中，他的威德光明更是無邊的顯赫與莊嚴，宛如太陽出現，普照世間。他在三世中所做的一切，具足無邊的福德大海，已然圓滿光明，周遍一切的法界，平等而無任何差別。

佛陀順暢的演說一切妙法，宛如廣佈天上的雲海一般。他每一毛孔的尖端，都能容受一切世界而沒有任何的障礙，並各自顯現無量神通的威力，教化、調伏一切眾生。他的身相遍滿十方的法界，但是卻不見任何的來往。他的智慧普遍進入一切的現象中，能夠了知諸法的空寂。三世諸佛所有的神通變化，在光明之中無不清晰可見；而諸佛國土從不可思議劫以來的所有莊嚴，也在光明中普遍顯現。

這是毘盧遮那佛，在菩提場中始成正覺，所示現的廣大神變。

爲什麼諸佛菩薩具有如此廣大難思的神變能力？爲什麼佛菩薩要示現神通？以下我們進入佛菩薩難以思議的神通智慧海來一窺堂奧。

如來的神通

經典中幾乎處處可見到如來示現神通變的記載，佛陀示現神通，是爲了化導眾生入於佛智，在佛菩薩度化眾生的「三種示導」中，其中第一種就是「神變示導」。三示導是佛菩薩爲了教化眾生，而示現身、口、意三業之德用。

如果我們以如來的身、語、意三密來看前面《華嚴經》中如來的神變，可以發現其中如來三密的廣大作用。

其中，「智入三世悉皆平等」，是說如來的智慧遍入過去、現在、未來三世，超越一切的世間，一切現前平等，破除一切世間的障礙，這是意密的作用。

「其身充滿一切世間」，如來的身體遍滿一切世間，這是身密的作用。

「其音普順十方國土」，是說佛的音聲普順於十方的國土，是語密的作用。

這是佛陀身、語、意的三密作用。

「譬如虛空具含眾像，於諸境界無所分別。」佛身如同虛空具含眾像，能顯現其境界，但是對於一切境界無所分別。

「又如虛空普遍一切，於諸國土平等隨入。」這代表佛身的作用，它不只是具有像虛空能「具含眾像，於諸境界無所分別」的體性，而且也有如同虛空「普遍一切，於諸國土平等隨入」的作用。

「身恒遍坐一切道場」，毘盧遮那佛身遍滿一切世界，又能夠從遍滿一切世界的身當中，示現遍坐一切道場。所以說佛以自身安坐於自身，以自身示現於自身，這是其不可思議相映相攝的情景。

我們再來看看相應到菩薩眾當中的時候，佛顯示出：「菩薩眾中威光赫奕，如日輪出照明世界。」佛如日輪出，照明世界，與菩薩眾相應；在菩薩眾中是最殊勝的，最光明的，能夠照明一切世界。這世界的本身即是其自身，其於世界中示現照明自身。

「三世所行，眾福大海悉已清淨」，佛安住於平等無障礙的華嚴法界海，又回落到三世；本來已經超越三世，又回落到三世，在三世中示現最殊勝的境界，所以是「眾福大海悉已清淨」。

「而恒示生諸佛國土。無邊色相圓滿光明，遍周法界等無差別。」在本來平等無差別當中，恒常示現出生於諸佛國土，而且具足三十二相、八十種好，圓滿光明。

經中又說：諸佛如來：「一一毛端，悉能容受一切世界而無障礙，各現無量神通之力，教化調伏一切眾生。」這是我們觀察如來身不可思議的神變，在每一個毛孔都能容受一切世界無礙，而且現起無量神通，教化一切眾生。

其實，這對我們而言是不可思議的神通，但是，對諸佛而言，都是如實的實相。諸佛的毛孔之中，都已經是在諸佛不可思議神通加持當中，諸佛從來沒有遠離過我們。他們是現前，時時無間加持眾生，加持我們到佛的境界。能如是體悟，就能「加持成佛」。

「身遍十方而無往來」這是佛陀在空間上的境界。「智入諸相了法空寂」這是指時間跟心量，如果以整個法界現起，其可說是心、意識和空間的複合體。心造作就形成意識，這意識就是時間體，意識互相交應，互相交融，互相產生差別的意像。從中間又拉出了空間，空間與空間的一個交互的交涉，產生了距離，產生了方位，產生了整個複合的宇宙像。

「身遍十方而無往來，智入諸相了法空寂。」這是說佛陀破除空間的障礙，破除時間、意識、心的障礙，而又能夠在時間、空間中，無限延伸。

「三世諸佛所有神變，於光明中靡不咸睹。」神變是有作用的，相續的時間又有空間，所以時間、空間當中的所有作用，都在光明裡面全部示現。這光明又是如海的映照力量，如幻如化又如實，這就是十方三世同時炳現。

「一切佛土不思議劫，所有莊嚴悉令顯現。」我們應該能夠安住在毘盧遮那如來的智慧境界海當中，也就是華嚴世界海。

在《俱舍論》有所謂的神變示導、記心示導、教誡示導等三種示導，這三種示導配上六通中的三通：神變示導相當於神足通，記心示導相當於他心通，教誡示導相當於漏盡通。其中並說：神變、記心是專爲化導外道，使其歸伏、信受；教誡則是使其發心修行。

在《大般若經》卷四六九也有記載菩薩的三種示導，即：

(1)神變示導，菩薩悲憫地獄之苦，示現神通力，滅除湯火刀劍種種苦具，使一切眾生藉此神變，從地獄脫出，生天、人中，受諸快樂。

(2)記說示導，菩薩憫彼地獄之苦，記眾生心之所念，而為說法，令諸眾生，藉此法力，從地獄出，生天、人中，受諸快樂。

(3)教誡示導，菩薩憫彼地獄之苦，發慈悲喜捨之心，說法教誡，令諸眾生藉此教誡，從地獄出，生天、人中，受諸快樂。

在《瑜伽師地論》、《大寶積經》、《中阿含經》、《長阿含經》、《雜阿含經》中也都有三種示導、三示現、三神足的說法。可見以神通來化導眾生，是佛菩薩教化的重要方式之一。

在《過去、現在因果經》卷四中記載，如來有三種奇特之事，其中第一種就是廣大難思的神變。這三種奇特之事分別是：

1.神通奇特：謂佛妙應群機，現大神變，不可思議，使一切眾生及諸邪魔外道咸歸正化。

2.慧心奇特：指佛的智慧，心光湛寂，照了一切諸法，成就一切種智。

3.攝受奇特：這是指佛善知眾生諸根利鈍，隨機攝受，開導教化，令彼咸聞法要，進修妙行，出離生死。

⊙如來神變的核心

佛陀廣大神通的背後，所象徵的是悲心與智慧無上圓滿。什麼是佛呢？我們可以從如來的幾種名號來觀察何謂佛陀：

佛陀有十種名號，根據《大智度論》卷二及《大乘義章》卷二十則舉出如來十一種名號，有如來、應供、正遍知、明行足、善逝、世間解、無上士、調御丈夫、天人師、佛世尊。

如來，指佛陀乘如實之道而來，而成正覺之意。

應供，是如來具足大悲大智，應受人天之供養。

正遍知，是指如來能正確普遍了知一切之法。

明行足，是指佛陀具足天眼、宿命、漏盡三神智明，及身口的行業悉圓滿具足。

善逝，是佛陀以一切智爲大車，行八正道而入涅槃，爲善逝者。

世間解，是指如來了知世間及出世間之道。

無上士，是指如來在一切眾生中，是最勝無上的。

調御丈夫，是指佛陀大慈大智，有時以軟美語，時或悲切語、各種語言等，以種種方便調御修行者，使其安住涅槃。

天人師，是指如來能示導眾生何者應作，何者不應作，何者是善何者是不善，使其解脫煩惱。

佛，自覺、覺他、覺行圓滿，知見三世一切諸法的無上覺者。

世尊，這是指如來具備眾德而為世人所尊重恭敬。

在如來的十種名號中，第四個名號「明行足」，就是指如來具足天眼明、宿命明、漏盡明，而且身業、語業都圓滿無缺。在佛陀的特德十八種不共法中，其中就有諸佛「身無失」、「口無失」、「一切身業隨智慧行」、「一切口業隨智慧行」，所以如來又被稱為「明行足」。

如來特德的根本源自於大悲和大智。佛陀是偉大的覺者，一方面是自覺，另一方面是覺他。而這種圓滿成就大智、大悲的過程，就是自覺覺他的過程，其核心就是菩提心。

佛菩薩發起菩提心後，以大悲心爲動力，並以智慧出生種種方便來拔除其他生命的苦痛，而後，依智悲行圓滿智悲果，即菩提果，也就是無上阿耨多羅三藐三菩提——無上正等正覺，也就是佛。佛是自覺，覺他圓滿，也是悲、智圓滿。

佛是成就智慧和悲心圓滿者，而菩薩則是朝向無上智慧和悲心圓滿的實踐者。小乘的聖者是智慧的圓成者，但是悲心並不圓滿。小乘聖者的智慧和大乘聖者的智慧，基本上是一樣的，但是，大乘菩薩的智慧裡必須蘊含大悲，此悲、智交融蘊含是小乘聖者所不具足的。佛陀更是圓滿成證大悲、大智，悲智交融，成就一切智慧。一切智、道種智、一切種智這三種智的分別就是這樣來的，一切智是指聲聞、緣覺的智慧，道種智是指菩薩所具足的智慧，一切種智是佛所具足，涵蓋了前二者。

而佛和菩薩有什麼不同呢？佛是一切圓滿者，有時會因某些眾生特別的需要而教化，這是緣起的不同所至。每個菩薩在行道的過程中，會因個人的特性不同而顯現不同的教化。如：有的菩薩是依於悲，有些是依於智，有些則是依信願來行。依於悲而行的菩薩，悲比智多一些；依於智而行者，智比悲深；有些則是兩者平衡。這種種類型，再加上個人生活的環境，就構成了不同的菩薩行。那麼，這些菩薩行，都還不能稱為圓滿的智悲者，只是有時為了特別彰顯他所修行的德性，所以會產生所謂的大悲觀世音菩薩、大智文殊菩薩、大願地藏王菩薩、大行普賢菩薩等。

只有佛才有眞正具足大慈大悲，菩薩則是智悲的實踐者，是行菩提心者，是趨向智悲者，而這也是佛菩薩廣大神變的根源。

⦿如來的種種智慧神力

在佛菩薩的神變中，有許多更圓滿的神通能力，只有如來獨具的，稱為如來的十種神力。

佛陀具足十種智慧力，又稱作十神力。這是如來證得實相之智，了達一切的力量，無能壞，無能勝，所以稱為「力」。

1.**處非處智力**：處，是指道理。這是說如來於一切因緣果審實能知，如果眾生作善業，即了知必定得樂報，稱為「知是處」；如果眾生作惡業，得受樂報，無有是處，是不可能，稱爲「知非處」，如是種種，因緣果報都能確實周遍了知。至於緣覺和阿羅漢等小乘聖者，就無法具足這種能力，因爲他們只具足一切智，沒有一切智智，一切智要有智悲做基礎。要參與這樣的緣生現象，需要完全恰當地了知；也就是當一個聖之時者，每一個地方恰當了知，恰當實踐，這是悲心在後面推動。其實，這十種智慧，背後都蘊藏了悲和智。

2.**業異熟智力**：又稱「智業報智力」、「知三世業智力」、「業報集智力」、「業力」。這是說如來於一切眾生過去未來現在三世業緣果報生處，皆悉遍知。此力是了知善、惡業和果報的力量。

佛陀能審實了知一切因緣果報，也就是「做如是業，能結如是果」，這並不是很空泛的「做善業、得善果；做惡業、得惡果」。佛陀的智慧是如如實實地對每一個因緣都很恰當的了知，即我們種下這個因，在目前的因緣條件下，如果未來這些條件沒有太大變化，就會變成預定的結果。也就是說，如果其他條件不變的話，才會現起我們所預定的現象。否則如果未來的條件改變了，怎麼生起原先的現象呢？

3.**靜慮解脫等持等至智力**：這是說如來於一切禪定自在無礙，其淺深次第如實遍知。佛陀完全了知一切禪定、一切修行，一切力量，甚至動物的禪定，只是人間的語言不必記載這麼多，佛是依循人間的緣起，以人間種種的因緣條件來解析，因為佛是以人身來證道，成佛，所以佛陀以他人身成證佛果所經歷的身心變化來向眾生講道。

4.**根上下智力**：這是指如來對一切眾生根性的殊勝下劣、得果報的大小皆能如實遍知。佛陀雖然了解眾生根器等級的差別，但是他不會被這些差異所限制，或是心中不平等。

5.**種種勝解智力**：這是指如來對一切眾生種種欲求、好樂、善惡不同，如實遍知。

6.**種種界智力**：這是說如來於世間眾生種種界分不同，如實遍知。指眾生在世界的種種等別。這是佛為了教化的需要而展現的力量。

7.**遍趣行智力**：這是指如來在六道有煩惱行所至處、涅槃無漏行所至處如實遍知。

8.**宿命智力**：又稱作宿住隨念智力，就是如實了知過去世種種事之力；如來對眾生種種宿命，一世乃至百千萬世，一劫乃至百千萬劫，從此處死亡投生於彼處，並且對姓名飲食、苦樂壽命，皆能如實遍知。

9.**天眼力**：又作「知天眼無礙智力」死生智力。這是說如來以天眼通如實了知眾生死生之時與未來生之善惡趣，乃至美醜貧富等善惡業緣。

10.**漏盡智力**：又作「智永斷習氣智力」，是指如來於一切惑餘習氣分永遠斷除不出生，能如實遍知。

在以上的十種神力中，「宿命智力」、「天眼力」、「漏盡智力」，則是大菩薩、大阿羅漢的宿命通、天眼通、漏盡通所無法相比較的，只有佛陀獨具的圓滿神通力。

佛陀在世時，鼓勵弟子修學神通度化眾生，在阿彌陀佛往昔為法藏比丘所發起的四十八願中，其中就有六個願是與神通有關的：

1.宿命智通願，是願佛國中之人天悉得宿命通，了知過去因緣。

2.天眼智通願，即願佛國中之人天悉得天眼通，能見十方無量之佛國而無有障礙。

3.天耳智通願，即願佛國中之人天悉得天耳通，能聞十方諸佛之法音而受持。

4.他心智通願，即願佛國中之人天悉得他心通，能遍知眾生心念。

5.神境智通願，即願佛國中之人天悉得神足通，於一念頃即可至十方佛國。

6.無有我想願，又作漏盡通願，即願佛國中之人天，皆不起貪愛其身之想念。

諸佛如來是以無上菩提的智慧爲體性，並具足大慈、大悲及大智、大定及十八不共等法，這些不共之法，可以稱之爲如來的功德法身。佛陀所示現的不可思議神通境界，乃依其大智、大悲、大定及功德所成就，而這不可思議的神通力量，也是以救度眾生，讓眾生解脫自在，乃至成就無上菩提，圓滿佛果而運用的。

菩薩的神通

在許多大乘經典中所記載的佛、菩薩神變，場景甚至經常超越地球，橫跨了好幾個太陽系，甚至在過去、現在、未來中自在遊戲。直讓人贊歎不可思議！在《大智度論》卷九十四中說：「如鳥無翅不能飛翔，菩薩亦如是，無神通波羅蜜不能教化眾生。」開宗明義點出菩薩修學神通的立場。

由於菩薩的亟欲度化眾生，拔除痛苦，將眾生安置於涅槃安樂的彼岸，緣於大悲心而精勤修學各種度化眾生的方便。此外，菩薩不但了知空性的道理，更進一步能從空中生起如幻的廣大方便作用，以般若波羅蜜為前導，所以能具足不可思議的神通力。

菩薩的神通，依於般若波羅蜜而生起，稱為「神通波羅蜜」，表示菩薩能以神通力度脫一切眾生到涅槃的彼岸。所以，在《大智度論》卷四十中說：菩薩摩訶薩行般若波羅蜜時，具足神通波羅蜜。具足神通波羅蜜已，增益阿耨羅三藐三菩提，這是菩薩的神通比聲聞、緣覺二乘聖者更加廣大的原因。

在《大樹緊那羅王所問經》中，記載著大樹緊那羅王菩薩，以琴聲演奏，使聲聞弟子中，素以苦行著稱的大迦葉尊者，也忍不住翩翩起舞的故事。

大樹緊那羅王，是諸緊那羅王中最著名的一位。也是菩薩化現緊那羅王身來領導緊那羅。

有一次，大樹緊那羅王帶領廣大眷屬眾來詣見佛陀時，示現了種種瑞相：首先是遍此三千大千世界上方虛空中有諸天子，不現其形，而鼓眾伎樂。聽聞如此樂音，雪山王、香山王中所有諸天，都加倍釋出妙香，使這三千大千世界充滿了廣大妙香。而香山王更雨下眾多妙花，皆流趣向佛，遍滿三千大千世界。其餘諸樹木也都雨下花朵繽紛。

而在上空中，有一個寶蓋，覆蓋一萬由旬，這個大寶蓋，垂飾眞珠，以鈴網貫穿莊嚴，而諸鈴網中，也發出柔軟悅意的音樂，演大妙音，使三千大千世界皆悉遍聞。

隨後，大樹緊那羅王與無量緊那羅眾、乾闥婆眾、天眾，摩睺羅伽眾，從香山來詣佛所，並在佛前彈奏琉璃琴。這美妙的琴音普皆聞三千大千世界，加上美妙的歌聲，使欲界等一切天上的音樂都隱蔽不現。

當時，欲界所有的天人，聽到大樹緊那羅王的音樂，都放下正在演奏的音樂，來到佛所。

當大樹緊那羅王鼓琴時，三千大千世界所有叢林諸山，如須彌山王、雪山、目眞鄰陀山、摩訶目眞鄰陀山、黑山，及眾藥草、樹木、叢林悉皆從地上涌出又沒入，就好像人喝得爛醉一般，前卻顛倒，身體不能自持。

當時，佛陀前面的大眾，除了不退轉菩薩之外，其餘一切諸大眾等，聽聞如此琴聲及諸樂音，都情不自禁，從座位上翩然起舞，而平時具足威儀，寂靜的聲聞大眾，聽聞琴樂音，也各從座起，快樂的隨著樂音起舞，就像小孩子玩得興高采烈，無法自制，尤其是向來嚴持戒律，不苟言笑的大迦葉尊者，也加入跳舞的行列，更使大眾驚訝不已。

大迦葉歎了一口氣說：「這就好比旋風大風吹動一切樹木、藥草、叢林，那些樹木無法抵擋強風，但並非是其本心之所快樂，只是忍不住，不能自持。現今這位大樹緊那羅王鼓作琴樂，妙歌和順，諸簫笛音鼓動我的心，就如同旋嵐風吹諸樹身，不能自持。」

在旁有一位天冠菩薩，就告誡大迦葉尊者，應當發起無上正眞菩提道心，如果能如此，那麼聽聞音聲就不會動搖驚揚。大樹緊那羅王更合琴說妙偈，回答天冠菩薩所問，說一切音聲自虛空生，更說空、無相、無願三解脫門與無生法忍等甚深法義。

⊙菩薩的神通波羅蜜

神通波羅蜜是菩薩度化眾生至彼岸的善巧方便，與般若波羅蜜有密切的關係。爲什麼菩薩安住在一切法空的般若波羅蜜中，卻能生起神通波羅蜜呢？

在《大智度論》卷九十四中，以解悟空性而著稱的須菩提尊者請問如來：「爲什麼菩薩安住在一切法空的般若波羅蜜時，卻能生起神通波羅蜜，到十方如同恒河沙等數量那麼多的國土，供養現在諸佛，聽聞如來說法呢？」

佛陀回答：「這是因爲菩薩行般若波羅蜜時，觀察十方如恆河沙等國土皆空，國土中諸佛也是性空的，只是假名存在，所以其所現的身，名字皆是性空。

如果只是自身空，而以爲諸佛國土爲實有不空，那麼這樣空是有偏頗的，然而空卻不是如此，是不偏的，因此可知，一切法相空，所以菩薩摩訶薩行般若波羅蜜，用方便力生神通波羅蜜，而且能安住神通波羅蜜中，起天眼、天耳、如意、知他心智宿命智，了知眾生生死。」

由於菩薩一心行般若波羅蜜的緣故，能發起神通波羅蜜。如《大智度論》卷四十引經中所說：「有菩薩摩訶薩，行般若波羅蜜時，修神通波羅蜜，以是神通波羅蜜受種種如意事，能動大地，變一身爲無數身，無數身還是一身，隱顯自在，山壁樹木皆過無礙如行空中，履水如地，凌虛如鳥，出沒地中如出入水，身出煙炎如大火聚，身中出水，如雪山水流，日月大德威力難當而能摩捫，乃至梵天身得自在亦不著是如意神通。」

這是說菩薩於修持般若波羅蜜時，同時修持神通波羅蜜，而能產生種種廣大神通，例如：能撼動大地，能變一身爲無數身，使無數身還爲一身，能隱身自在，從山壁、樹木、穿過無有障礙，宛如行於虛空中，踏在水中如同平地一般，能出入地上如出入水中，身上出生火焰，宛如大燃燒，身中出水如同雪山水流，即使日月也能觸摩無礙。

但是其中有一個根本要點，就是菩薩體悟神通事及己身皆不可得，由此不生執著。由於自性空故，自性離故，自性無生故，所以菩薩除了因爲菩提心之外，不會生起：「我得如意神通的心」，同樣的，菩薩以天耳清淨，能聞天上及人間之聲，但卻不執著，同樣的，對他心通智也是如此。

即使菩薩具有如此廣大的神通境界，卻是不可執著的。《大智度論》卷九十四中說：「若菩薩遠離神通波羅蜜，不能得饒益眾生，亦不能得阿耨多羅三藐三菩提，是菩薩摩訶薩神通波羅蜜，是阿耨多羅三藐三菩提道。

何以故？用是天眼自見諸善法，教他人令得諸善法，於善法亦不著，諸善法自性空故空無所著，若著則受味，是空中無有味。是菩薩摩訶薩行般若波羅蜜時能生如是天眼，用是眼觀一切法空，見是法空不取相不作業，亦爲人說是法，亦不得眾生相，不得眾生名，如是菩薩摩訶薩用無所得法故，起神通波羅蜜。」

經中說神通波羅蜜是「阿耨多羅三藐三菩提道」，意思是「成就無上正等正覺」的佛道，遠離神通波羅蜜，就無法饒益眾生。爲什麼呢？菩薩以天眼通自身能見一切善法，也教他人得證善法，但是對善法也不執著。因為一切善、惡之法自性空的緣故，無所執著。

菩薩行般若波羅蜜時，能生起天眼，觀一切法空，由於見到法空的相，而了知無有說法者、也無有聽法的眾生。菩薩就是以無所得法，而能生起神通的波羅蜜，正如同《心經》中所說：「以無所得故，得阿耨多羅三藐三菩提。」

⊙菩薩的神通自在

菩薩有哪些不可思議的神通境界呢？

《華嚴經》卷三十八中，舉出菩薩有十種神通：「所謂出生念宿命方便智通、出生無礙天耳方便智通、出生知一切眾生不可思議心心數法方便智通、出生無礙天眼觀察眾生方便智通、出生不可思議自在神力示現眾生方便智通、出生一身示現不可思議世界方便智通、出生於一念中往詣不可說世界方便智通、出生不可思議莊嚴具莊嚴一切世界方便智通、出生不可說不可說化身示現眾生方便智通、出生不可說世界成阿耨多羅三藐三菩提不可思議示現眾生方便智通。」

在這十種神通之中，更進一步顯現了菩薩神通的主旨，也就是每一種神通皆是做爲度眾的「方便智通」。

而《華嚴經疏》卷六也記載菩薩的二種自在：

1.觀境自在：是指菩薩以正確的智慧照了眞如之境，及能通達一切諸法的圓融自在。

2.作用自在：這是指菩薩能以正確智慧照了眞如之境，即能由體起用，自在現身說法，化導眾生。

此外，八地以上的菩薩，則有四種自在，根據《辯中邊論》卷上、《大乘莊嚴經論》卷五記載，這八種自在分別是：

1.無分別自在，是指捨棄一切功用之行而得無功用法，於一切法遠離分別的心想而得自在。

2.剎土自在，又作淨土自在，是指菩薩能自由投生於各種國土，並使諸佛國土清淨。

3.智自在，這是指九地善慧菩薩得無礙智，於說法教化時任運自在。

4.業自在，這是指第十法雲地的菩薩無煩惱業縛，更無障礙。

而《自在王菩薩經》卷上也有四種自在：

1.戒自在：這指修行具足戒而諸戒具足，所願皆圓滿成就。

2.神通自在：這是指具足天眼通、天耳通等五通而所欲求無礙。

3.智自在：指具足陰智、性智等五智而無滯自在。

4.慧自在：指修得義無礙智、法無礙智等四無礙智，能通曉諸法，詮釋經典的章句。

據《大寶積經卷》六十八〈遍淨天授記品〉記載，菩薩有五種自在：

1.壽命自在：謂菩薩雖已成就法身的慧命，無有生、死、早夭、長壽等相，但是爲了度脫有情，遂以諸方便隨機示現長短壽命之相，而無有罣礙。

2.生自在：菩薩爲了度脫有情，以大悲心隨類受生，在人間、天上、畜牲等六道，饒益一切有情，而去、住無礙。

3.業自在：菩薩萬行具足，悲智雙運，或現神通，或說妙法，或入禪定，或修苦行，所作一切利他事業皆能勝任無礙。

4.覺觀自在：菩薩化導有情，雖然有思惟，但是對遠離散亂，隨願度脫而且平等無礙。

在《四十華嚴經》卷二十六〈十地品〉中記載菩薩有十種自在：

1.命自在，又作壽命自在、壽自在。指菩薩在長劫中住持壽命，化益眾生無窮。

2.心自在，指菩薩能出生阿僧祇三昧而入於深智。

3.財自在，又作資具自在、眾聚自在、莊嚴自在、物自在。是指菩薩以廣大莊嚴具來莊嚴一切國土。

4.業自在，指菩薩於諸行業得大自在，而隨時受報。

5.生自在，又稱作受生自在，謂菩薩自在受生於一切國土。

6.願自在，指菩薩隨其所願，於隨時隨處成就菩提。

7.信解自在，又作解脫自在、信自在、勝解自在。是指菩薩於一切世界皆能見諸佛充滿。

8.如意自在，又作神力自在、神變自在，指菩薩能示現一切大神變。

9.智自在，指菩薩於念念中，示現覺悟如來之十力無所畏。

10.法自在，指菩薩示現無量無邊的法門。

而菩薩行六波羅蜜可以成就十種自在，即行法施、無畏施、財施，可以成就圓滿命自在、心自在、財自在；持戒行能成滿業自在、生自在；精進行能成滿願自在；忍辱、安受、通達等三行能成滿信解自在；靜慮行能成滿如意自在；般若行能成滿智自在、法自在。

這十種自在在《華嚴經》〈離世間品〉，列舉爲眾生自在、剎自在、法自在、身自在、願自在、境界自在、智自在、通自在、神力自在、力自在等十種自在，各自在中又分十種自在，而變成百種自在。

在《華嚴經》中說，菩薩有十種力自在：

1.眾生力自在：不捨眾生教化調伏故。

2.佛剎力自在：以不可說莊嚴具莊嚴顯現諸佛剎故。

3.法力自在：令一切身入無身故。

4.劫力自在：不斷一切菩薩行故。

5.佛力自在：覺悟生死長寢眾生故。

6.行力自在：攝取一切菩薩行故。

7.如來力自在：度脫一切眾生故。

8.無師智力自在：自然覺悟一切法故。

9.一切智力自在：一切智人智覺悟故。

10.大悲力自在：不捨一切眾生故。

經中並說，如果菩薩摩訶薩成就這十種自在者，欲成就無上菩提或是不成無上菩提，皆能自在隨意？或是雖成菩提卻也不斷菩薩諸行。這是因爲菩薩摩訶薩能出生一切大願的緣，能善巧方便示現無量自在法門。

在《華嚴經》中，說菩薩摩訶薩有十種通自在（經文中實際只列九種）：

1.一切世界示現身一境界通自在。

2.於一如來大眾中坐聽受正法，悉能聞持一切諸佛大眾會法通自在。

3.於一眾生一念境界成不可說無上菩提，一切眾生無不知者通自在。

4.出一妙音皆能充遍一切世界，出生一切音聲各各別異，一切眾生無不開解通自在。

5.於一念中示現盡過去際劫，一切眾生諸業果無不知者通自在。

6.令一切世界皆悉莊嚴通自在。

7.觀察三世平等通自在。

8.出生一切諸佛菩提及眾生願，放大法光明通自在，一切天、龍、夜叉、乾闥婆、阿修羅、迦樓羅、緊那羅、摩睺羅伽、帝釋、梵王及一切聲聞、緣覺、諸菩薩等悉恭敬尊重。

9.善能護持諸如來力一切善根通自在。

同卷中又說，菩薩有十種神力自在：

1.以不可說世界入一微塵神力自在。

2.於一微塵中顯現一切法界等一切佛剎神力自在。

3.於一毛孔皆悉容受一切大海，能持遊行一切世界，不令眾生有恐怖心神力自在。

4.以一切世界內己身中，悉能顯現一切眾事神力自在。

5.以一毛繫於不可思議的金剛圍山，悉持遊行一切世界，卻不會使眾生生恐怖心神力自在。

6.不可說劫示現一劫，一劫示現不可說諸成敗劫，卻不會使其生起恐怖心的神力自在。

7.於一切世界示現水、火、風、災成敗，卻不會使眾生有恐怖心神力自在。

8.一切世界水火風災壞時，悉能住持一切眾生資生之具神力自在。

9.以不可思議世界置於掌中，達擲他方過不可說世界。但是不令眾生有恐怖心的神力自在。

10.使一切眾生了解一切佛剎，猶如虛空神力自在。

這種種的自在，都顯現出菩薩具足廣大神力，在各種境界中都能自在無礙，代表菩薩具足的廣大力量。

菩薩的廣大神通主要是體悟法界現空如幻的實相，而如幻三昧為中心現起，或再行增上修習而成。菩薩以上求無上菩提，下化無邊眾生為核心，因此，以智慧為體性現起無邊的神通力量，來莊嚴諸廣大神通是以智慧與悲心為重心，並運用了各種三昧境界而成，慈悲、智慧與三昧禪定的互融圓滿，方能顯示菩薩無邊的神通妙用。

第六章 不可思議的神通境界

復有四法成就神通，云何為四？一者，不惜身命無愛戀故，二者，了一切法如幻化故，三者，於諸眾生起尊重故，四者，修奢摩他無散亂故。

——《大寶積經》卷八十五

佛陀示現八相成道的神變

佛陀的一生，一般常以「八相成道」來顯現佛陀一生的教化事儀，也是今生生命歷程中的重大事蹟。

這八相分別是指：下天、託胎、出生、出家、降魔、成道、轉法輪、入涅槃等八個重要的里程碑。

釋迦牟尼佛，在我們這個人間成就的佛陀，大約在公元前五百餘年，出生於北印度的迦毗羅衛城，是該城淨飯王的太子，名悉達多。佛陀誕生在人間成就無上圓滿大覺，爲我們樹立起自覺覺他的偉大典範。

⊙佛陀從天上降生人間的神變

八相成道中的第一相是從兜率天降生人間：這是指佛陀在未成佛之前，爲最後生菩薩，從兜率天即將降神投胎，觀察當時的十方世界，最適合降生之地爲人間的迦毘羅衛，於是菩薩就現出五種祥瑞：⑴放大光明，⑵大地震動，⑶諸魔宮殿隱蔽不現，⑷日月星辰不再光明，⑸天龍等眾悉皆驚怖。示現這些祥瑞之後，於是下生。

《華嚴經》中記載，菩薩從天上降生人間時，有種種莊嚴的神變：菩薩摩訶薩在兜率天即將下生人間成佛時，曾示現十種莊嚴神變之事。

一、菩薩摩訶薩從足下放出名爲安樂莊嚴的大光明，普照三千大千世界一切身處惡趣的苦難眾生。凡是觸摸到這個光明的人，沒有不離開痛苦得到安樂的。這些眾生安樂之後，了知將有奇特的偉人出興於世間。

二、菩薩摩訶薩從眉間白毫相中，放出名爲覺悟的大光明，普照三千大千世界。照耀與他宿世一同修行的諸位菩薩。那些菩薩被這光明照耀之後，都了知菩薩將要下生，於是各各出興無量的供養器具，前往菩薩所在之處，供養菩薩。

三、菩薩摩訶薩將會從右掌中，放出名爲清淨境界的大光明，莊嚴清淨三千大千三界。其中如果有已經得證無漏智慧的辟支佛，他們一察覺到這個光明，就會捨棄壽命；如果沒有察覺的人，也會因爲這個光明的神力，而遷移到別處。其餘世界的諸魔及外道，如果有人看見這光明，也都遷移到他方世界，除了受諸佛神力所加持，及應受度化的眾生外。

四、菩薩摩訶薩將會從兩膝間，放出名爲清淨莊嚴的大光明，普照諸天宮殿，下從護世四天王，上至淨居天，沒有不照耀周遍的。而那些天人等，都了知菩薩將從兜率天下生人間。他們無不戀慕、悲歎憂惱，各自拿著種種華鬘、衣服、塗香、末香、幡蓋、伎樂前往菩薩所在之處，恭敬供養菩薩，隨著他下生人間乃至涅槃。

五、菩薩摩訶薩將從卍字的金剛莊嚴心藏中，放出名爲無能勝幢的大光明，普照十方世界金剛力士。這時，百億位金剛力士都前來聚集，跟隨菩薩身邊爲侍衛，從菩薩下生人間，乃至涅槃。

六、菩薩摩訶薩將會從身上的一切毛孔，放出名爲分別眾生的大光明，普照大千世界，遍觸所有的菩薩身，再照觸所有的天人。諸位菩薩等心裏都這樣想：「我應當安住在此處，供養如來，教化眾生。」

七、菩薩摩訶薩將會從大摩尼寶藏殿中，放出名爲善住觀察的大光明，照耀這位菩薩將投生的王宮。這光明照耀之後，其餘的菩薩都會隨他下生閻浮提洲。

有的下生在他的家族，有的投生在他的聚落中，或有的與菩薩同一個城邑，這都是為了要教化眾生而示現的。

八、菩薩摩訶薩將會從天上的宮殿及廣大的莊嚴樓閣中，放出名為一切宮殿清淨莊嚴的大光明，照耀他即將降生的生母腹中。光明照耀之後，菩薩的母親便會安穩快樂，具足成就一切功德。他母親的腹中自然有以大摩尼寶莊嚴的廣大樓閣，這都是為了要安置菩薩身而示現的。

九、菩薩摩訶薩將會從兩足下放出名為善住的大光明。如果諸位天子及諸位梵天的性命將要結束時，凡是被這光明照觸的人，就能延長壽命，供養菩薩，從他下生世間，乃至涅槃。

十、菩薩摩訶薩將會從隨形相好中放出名為眼莊嚴的大光明，示現菩薩的種種諸業。

這時，諸位人天，有的看見菩薩安住兜率天；有的看見菩薩入胎；有的看見他初生；有的看見他出家；有的看見他成道；有的看見他降魔；有的看見他轉法輪；有的看見菩薩涅槃。菩薩摩訶薩從身上、從寶座、從宮殿中，或從樓閣中，放出如是等百萬阿僧祇光明，都能示現種種菩薩的業力。如此示現之後，菩薩就從兜率天下生人間。

⊙佛陀安住母胎中的神變

這是指菩薩將託入母胎時，觀察淨飯王性行仁賢，摩耶夫人前五百世曾為菩薩母，而前往託胎。這時大根器之人，都看見菩薩乘栴檀樓閣；小根機之人見其乘六牙白象，與無量諸天作諸伎樂，從摩耶夫人的右脅入，身映於外，如處於琉璃之中。

根據《華嚴經》中的記載，當釋迦牟尼佛在最後身菩薩的階段，他示現從兜率天中入滅，並在人間投胎，當菩薩處在母胎中時，就已經開始示現神變。在《華嚴經》卷五十九中說：菩薩摩訶薩示現身處母胎時，有十種神變莊嚴之事。

一、菩薩摩訶薩為了要成就發心狹小、信解低劣的眾生，不讓他們生起以下的想法：「現在這位菩薩是自然化生的，所以他根本不必修學就能證得智慧與善根。」所以，菩薩示現處於母胎。

二、菩薩摩訶薩爲了要成熟父母，以及諸位眷屬及宿世共同修行眾生的善根，所以示現處於母胎。他們都會因爲看見處於母胎的菩薩，而成熟所有的善根。

三、菩薩摩訶薩進入母胎，能夠正念、正知，沒有迷惑。住入母胎之後，心還是恆繫正念，沒有錯亂。

四、菩薩摩訶薩在母胎中，恆常演說佛法，十方世界的許多菩薩、帝釋、四大天王都來聚會，菩薩都能讓他們獲得無量的神力、無邊的智慧，這是菩薩處於母胎時成就的無礙辯才，殊勝妙用。

五、菩薩摩訶薩在母胎中，能聚集大眾，以決願的力量教化諸位菩薩。

六、菩薩摩訶薩在人間成佛時，具足人間最殊勝的投胎受生，以此而示現處於母胎。

七、菩薩摩訶薩在母胎時，三千大千世界的眾生無不看見菩薩，就好像明鏡中看到他的面容一樣。這時，大心天、龍、夜叉、乾闥婆、阿脩羅、迦樓羅、緊那羅、摩睺羅伽、人、非人等，都前去拜見菩薩，恭敬供養。

八、菩薩摩訶薩在母胎時，他方世界一切最後投生母胎的菩薩，都前來集會，演說名爲「廣大智慧藏」的大集法門。

九、菩薩摩訶薩在母胎，能進入「離垢藏三昧」，以本願的力量教化諸位菩薩，並以這三昧的力量，雖身處母胎，但仍示現大宮殿。各種莊嚴的裝飾都非常美好，連兜率天宮也無法相比。而且菩薩還會使其母親的身心安穩沒有憂患。

十、菩薩摩訶薩在母胎時，能以名爲「開大福德離垢藏」的大威力，興起一切供養，供養十方世界的諸佛。這些諸佛都前來爲他演說無邊菩薩所住的法界藏。

以上十種莊嚴神變，是釋迦牟尼菩薩在母胎中的神變。

⊙佛陀誕生處的十種祥瑞神變

當佛陀誕生時，在佛陀出生之處——嵐毘尼園林，出現了十種祥瑞的神通變化之相。

一、這園中的地面忽然變得非常平坦，坑洞、小土堆都不見了。

佛陀誕生處嵐毘尼園

二、林園的地面純以金剛陳鋪，並以種種寶物莊嚴，沒有瓦礫、荊棘、根幹。

三、寶多羅樹排列四周，樹根一直延深到水中。

四、地面長出各種香芽，出現各種香藏，又有寶香爲樹，扶疏蔭映，香氣勝過天界各種的香。

五、一切妙華鬘、寶莊嚴具都行列分布，處處充滿。

六、園中所有的樹木，都自然開出摩尼寶華。

七、一切池沼都自然從地底生出寶華，佈滿水面。

八、這時娑婆世界嵐毘尼園林，有欲界、色界、天王、龍王、夜叉王、乾闥婆王、阿脩羅王、迦樓羅王、緊那羅王、摩睺羅伽王一切諸王，都前來集會，合掌安住。

九、在娑婆世界的所有天女，乃至摩睺羅伽（蟒頭人身的生物）女都心生歡喜，分別捧持各種供養器具，恭敬地面向畢洛叉樹站立。

十、十方諸佛的臍中都放菩薩出菩薩受生自在燈的廣大光明，普遍照耀整個嵐毘尼園林。每一道光明都示現諸佛受生、誕生等所有的神通變化，以及一切菩薩受生的功德，又傳出諸佛的種種法音。

當大眾看到這十種神通變化時，無不歡喜合掌恭敬，知道將有菩薩下生世間。

⊙佛陀將出生時的神變境界

佛母摩耶夫人坐在無憂樹下的時候，園中又出現菩薩即將出生的十種神通變化境界。是哪十種神變呢？

一、世尊將要誕生的時候，欲界的諸天、天子、天女，以及色界的一切諸天、諸龍、夜叉、乾闥婆、阿脩羅、迦樓羅、緊那羅、摩睺羅伽和他們的眷屬，爲了供養即將出生的菩薩（釋迦牟尼佛），全都雲集於嵐毘尼園中。

摩耶夫人的威德殊勝，全身一切毛孔都無礙地放出普照著三千大千世界的光明，除滅了一切眾生的煩惱以及三惡道的痛苦，世間其他的光明全都被此大光明所遮覆而隱沒不見，這是菩薩將要誕生時的第一種神通變化。

二、摩耶夫人的腹中又現出三千世界的所有形像，其中共有百億的閻浮提。每個閻浮提中都有難以數計的都城，城中各有不同名稱的園林，裏面都有摩耶夫人安住，重重天眾圍繞，只爲了顯現菩薩將生時不可思議的神變瑞相，這是菩薩將要誕生時的第二種神變變化。

三、摩耶夫人身上所有毛孔，又示現出如來過去修行菩薩道時，恭敬供養諸佛，以及聽聞諸佛宣說佛法的音聲。就好像明鏡、淨水清楚地映現虛空中的日月、星宿、雲雷等影像一般。摩耶夫人身上諸毛孔也是如此，能夠示現如來過去的種種因緣，這是菩薩將要誕生時的第三種神通變化。

四、摩耶夫人身上的每一個毛孔，又一一示現如來過去修習菩薩行時安住的世界、城市、聚落、山林、河海，有眾生劫數那樣長的時間，直到佛陀出興於世，趣入清淨國土，隨所受生，壽命或長或短，依止善知修行善法，不管如來在哪一個剎土受生，摩耶夫人都是他的母親，如此等等的一切境界，都完全顯現在摩耶夫人的毛孔中，這就是菩薩即將誕生時的第四種神通變化。

五、摩耶夫人的一一毛孔之中，又能顯現如來過去修行菩薩行時，隨著所生之處，他的色相、形貌、衣服、飲食、苦樂等事，無不明白普現、清楚明辨，這是菩薩將要誕生時的第五種神通變化。

六、摩耶夫人身上每一個毛孔，又示現過去世尊修習布施時，施捨一般人難能施捨的頭目、耳鼻、脣舌、牙齒、身體、手足、血、筋骨等內財，以及男女、妻妾、城邑、宮殿、衣服、瓔珞、金銀、寶貨等外財，如此一切內外的各種東西，全都捨己爲人。毛孔中也能見到接受布施者的形貌、音聲，以及住處，這就是菩薩將要誕生時的第六種神通變化。

七、摩耶夫人進入嵐毘尼園的時候，林中又現出去諸佛投入母胎時的境界，有各種國土、園林、衣服、華鬘、塗香、末香、幡繒、幢蓋、種種莊嚴的寶物，更有伎樂歌詠最上妙好的音聲，皆令眾生普遍得到見解，這就是菩薩將要誕生時的第七種神通變化。

八、摩耶夫人進入嵐毘尼園時，從身上毛孔又現出菩薩安住的摩尼寶王宮殿、樓閣，這些建築遠遠超過一切諸天、龍、夜叉、乾闥婆、阿脩羅、迦樓羅、緊那羅、摩睺羅伽以及諸人王安住的地方。宮殿、樓閣上面覆蓋各種寶網，還普遍熏燒各種妙香，更有各種內外都非常清淨的莊嚴寶物，彼此雖然不盡相同，但卻不相雜亂，且遍滿整個嵐毘尼園四周，這就是菩薩將要誕生時的第八種神通變化。

九、摩耶夫人進入嵐毘尼園時，她身上又現出十種不可說百千億那由他剎微塵數的菩薩，這些菩薩的身形、容貌都非常光明美好，舉止、威儀、神通、眷屬，都和毘盧遮那菩薩相同無有差別，他們都同樣讚歎世尊。這就是菩薩將要誕生時的第九種神通變化。

十、摩耶夫人將要出生菩薩的時候，忽然在她前面從宛如金剛的大地現出名爲一切寶莊嚴藏的大蓮華。這花以金剛爲莖、眾寶爲鬚、如意寶王爲臺，有十佛剎微塵數的葉子，一切都以摩尼寶珠結成。更有寶網、寶蓋覆在上面，這朵大蓮華由所有的天王執持，龍王更降注香雨，所有的夜叉王也都恭敬圍繞這朵大蓮花，散布各種天華。

所有的乾闥婆也都發出微妙悅耳音聲，歌詠讚歎菩薩過去供養諸佛的功德。阿脩羅王都捨棄憍慢的心，稽首敬禮。迦樓羅王都垂下寶繒幡，遍滿虛空中。緊那羅王都歡喜瞻仰，歌詠讚歎菩薩的功德。摩睺羅伽王都心生歡喜，歌詠讚歎，普遍雨下各種寶莊嚴雲，這就是菩薩將要誕生的第十種神通變化。

在嵐毘尼園示現出這十種瑞相之後，菩薩就誕生了。

他的誕生就像虛空中現的淨淨日輪；就像山頂出現的祥瑞雲彩；就像黑雲中閃耀的雷光；就像黑夜中燃燒的火炬。這時，菩薩從摩耶夫人右脅降生，身相的光明就像上面所說的景象。菩薩這時雖然示現初出生相貌，但是他早已完全了達諸法如夢、如幻、如影、如像、無來、無去、不生、不滅的境界。

根據《中阿含經》第八〈未曾有法經〉中所記載，菩薩從昇兜率天中，下天託生於摩耶夫人的聖胎。佛陀出胎時，天地震動，光明普照世間。當時突然出現一座大池，摩耶夫人以此水淨身，這時候從虛空中，注下冷暖的兩股水，灌注菩薩身上。有四位天神，手持著極細的衣服，到夫人前讚嘆初生的童子。他走了七步之後，一手指天，一手指地，並說：「天上天下，唯我爲尊，三界皆苦，吾當安之。」而在人間開啓了光明解脫的覺悟大道。

佛陀誕生時，有種種不可思議的神變。

⊙佛陀參訪菩提道場時的神異變化

釋尊在當太子時，曾自行到城的四門出遊，遇到老、病、死者及沙門，又見到蟲鳥相食，因此感到世間無常，不可依恃，所以時常安坐禪定。後來他生下王子羅睺羅，心想王室已有繼嗣，所以便決定出家修行。他在二十九歲時，悄悄的離開王宮，脫去衣冠，而成爲出家的沙門。

佛陀出家後，到處參訪求道，他曾到東南毗舍離參訪跋伽婆求道，但是這些人的說法，都不能契合他的心意，因此他又渡過南方的恆河，前往參訪摩揭陀國王舍城（一說毗舍離城）附近的阿羅邏迦藍，及優陀羅羅摩子等仙人，而接受他們的教授。但是釋尊了知這些都並非解脫之道，於是他又渡過西南方的尼連禪河，進入伽耶附近的森林，自己思惟修行，決心依靠自力，來達到究竟解脫。在長達六年苦修之後，菩薩省悟苦行也非解脫之道，於是他來到菩提伽耶的菩提樹下。

《華嚴經》中記載，菩薩摩訶薩參訪菩提道場的時候，有十種神異的現象發

佛陀成道時，四大天王奉上石缽，佛陀以神力將四缽合成一缽。

生。就是：

一、菩薩參訪菩提道場時，佛光照耀一切世界。

二、菩薩參訪菩提道場時，神威震動一切世界。

三、菩薩參訪菩提道場時，能夠在所有的世界示現化身。

四、菩薩參訪菩提道場時，能覺悟所有的菩薩，及宿世共同修行的所有眾生。

五、菩薩參訪菩提道場時，能示現道場的一切莊嚴。

六、菩薩參訪菩提道場時，能隨順眾生的希望而爲他示現種種身相威儀，及菩提樹的一切莊嚴。

七、菩薩參訪菩提道場時，立刻得證面見十方諸佛。

八、菩薩參訪菩提道場時，不管是舉手投足，一舉一動都恆常證入三昧，念念成佛，沒有任何的超阻隔礙。

九、菩薩參訪菩提道場時，一切天、龍、夜叉、乾闥婆、阿脩羅、迦樓羅、緊那羅、摩睺羅伽、帝釋、天王、護世等一切諸王莫不相知，而作種種上好微妙的供奉。

十、菩薩參訪菩提道場時，能以無障礙的智慧，普遍觀察諸佛在所有世界修持菩薩行而成就正等正覺。

這是菩薩摩訶薩參訪菩提道場的時候所產生的十種事，菩薩能藉這些因緣教化眾生。

⊙佛陀在菩提道場修行的奇異瑞象

釋尊後來獨自到菩提樹下，在金剛座上鋪上吉祥草，面向東方安坐，下定決心若不成證無上的正覺，則不起此座。

當菩薩安身端坐在菩提道場修行時，有十種神異的瑞象發生。就是：

一、他端坐在菩提道場修行時，有種種的震動，震動一切世界。

二、他端坐在菩提道場修行時，佛光平等照耀一切世界。

三、他端坐在菩提道場修行時，能除去消滅所有的過惡、痛苦。

四、他端坐在菩提道場修行時，能讓一切世界都變成以金剛寶藏莊嚴修飾的世界。

五、他端坐在菩提道場修行時，能普遍於十方示現諸佛如來的獅子寶座。

六、他端坐在菩提道場修行時，心就像虛空一樣，沒有分別。

七、他端坐在菩提道場修行時，能隨自己的應化之身，示現種種威儀身相。

八、他端坐在菩提道場修行時，能隨順安住在金剛三昧中。

九、他端坐在菩提道場修行時，能承受諸佛威神力的加持，具足一切清淨勝妙。

十、他端坐在菩提道場修行時，自身的善根威力恆能加持所有的眾生。

這就是菩薩摩訶薩端坐在菩提道場修行時，所產生的十種瑞相。

菩薩獨坐菩提樹下，經過七日（一說四十九日）精進修行之後，在破曉時分，當看到了東方一顆燦爛的明星時，他廓然大悟了，證得圓滿完全的覺悟，即阿耨多羅三藐三菩提。他當時年爲三十五歲（一說三十歲）。後以「佛陀」（覺者）、「世尊」等名號，爲世間所知。

根據經典中所述，菩薩在菩提樹下即將成道時，頓時大地震動，放出廣大光

佛在成道前降伏魔眾

明，使魔宮隱蔽不現。當時魔王波旬，即叫他三個妖媚的女兒，企圖擾亂菩薩的淨行。菩薩以神通力，使魔女都變成老母。

魔王大怒之下，召集魔軍，震大雷，浮現種種刀輪器杖等武器，萬箭齊發，射向菩薩。菩薩以神力使箭停在空中，變成蓮花，不能加害。群魔於是非常憂愁，完全破散。而菩薩則毫無所動，並且以四禪的定力，觀察十二因緣，最後終於得證解脫一切生命痛苦的根本之道。而當時菩薩示現降伏魔王、魔軍的莊嚴事儀，即被稱爲降魔相。

佛陀成道之後，仍暫時停留在菩提樹下，受用解脫之樂。然後思惟，是否應當對其他人宣說他自覺的勝法。當時娑婆世界的主宰大梵天王，前來勸請說法。佛陀受請之後，經過觀察，首先前往鹿野苑，爲憍陳如等五人說法，使他們證得解脫之道，這爲初轉法輪。

根據佛典中的記載，初轉法輪，佛陀演說了四聖諦及八正道等法要，指示如何觀照生命與宇宙的實相，並遠離愛欲及苦行二邊，而實行中道。

佛陀一生的弘法生涯，大約有四十餘年，最後在世壽八十歲時，於拘尸那羅入於涅槃。

佛陀入滅時，躺臥在拘尸那城娑羅雙樹間的七寶之床上，這時娑羅樹林的林木忽然變白，就如同白鶴一般。當時佛陀受到純陀長者最後的供養，示現病相而入於涅槃。

無上佛智的神變境界

三昧（梵語 samādhi）音譯為三摩地，三摩提；意譯為定、正定等，直定，是平等持心，使內心保持平衡不動的狀態。《大毘婆沙論》中說：「平等持心令專一境，有所成辦，故名等持。」《大智度論》卷二十三中說：

「一切禪定攝心，皆名為三摩提，此言正心行處。是心從無始世界來，常曲不端，得是正心行處，心則端直，譬如蛇行常曲，入竹筒中則直。」

佛教的禪法，無比深妙廣大，從原始佛教中，以對治與解脫為中心的禪觀，到大乘佛教中，以大悲與如幻為見地，所開展出無邊廣大的菩薩三昧，都是能令人超越生死煩惱的障礙，而達到廣大自在境界的殊勝法門，開展出廣大神通境界。

大乘菩薩的三昧禪法更是依據菩薩對空、無常、無我的體悟，不住於涅槃解脫，而以大悲心發起菩提願，以菩薩三昧禪法產生永不間斷的廣大力量，永不退轉地如幻救度眾生，這也是各種大乘三昧能出生不可思議神變的原因。以下我們來看看個佛菩薩三昧不可思議的廣大作用。

⊙如來智印三摩地的神變

如來智印三摩地，是能完全滿足十方一切世界中，所有菩薩的無礙無邊智慧，並能速見十方一切諸佛菩薩。當佛陀入於此三昧時，舍利弗等人窮盡神力觀察推求，也不能見到如來的身相及住處。以下我們就來看看如來智印三摩地的廣大神變。

佛陀住世時，有一次在竹林精舍，無數的大比丘眾與菩薩們正歡喜圍繞著如來，參與殊勝的法會。

這些大眾都已證得平等無礙的陀羅尼境界，心已了悟獲得總持，證入三摩地中，安住在空性、無相、無願的三種解脫法門，具有無量殊勝的功德，是一切語言、殊勝議論所不能及的。

這些聖者寂靜的安住在這殊勝的法門中，對於所有的分別境界，都已經能以平等的心念對待，不會隨著世間大眾所喜好愛樂的俗事而動心，了知眾生們差別的心識體性，在一切時間中都能了知善惡的眞實，遠離各種的憎愛，安住在一味的平等中。

突然，佛陀世尊忽然從眉間的白毫中放出廣大的光明。由於光明實在太熾烈了，竟然引得法會大眾都悚慄了起來，於是大家趕緊肅然恭敬合掌，瞻仰著如來，而目不暫捨。

世尊就向大眾說道：「你們應當將心繫於一處而專注，安住在如來所知的境界，對於我及我所有等的好惡分別，都應當遠離，而毫不執著。

如果能夠對於自身所有的毀譽平等觀察，苦樂的一切眾事也不染著，此時更應當對於一切有情深心憐愍，而予以救度。而對於一切有情眾生的情境，我以如來智印三摩地的力量，都能完全了知。」

而世尊開示之後，就證入如來智印三摩地的大定。這時大眾聽聞了佛陀的開示，都讚歎如來殊勝禪定的力量，所以能了知眾生的差別。

大眾親見到佛陀證入這殊勝的定境時，忽然發覺佛陀的身相以及種種的眾相，全都消失了，也完全不能測知，無法了知佛陀在何處。

甚至如來所穿著的法衣及近身的衣裳，也都不見了。如來行、住、坐、臥等所有的行住動轉，完全無法察覺；如來的一切音聲，也完全不能聽聞，不能覺知。

一時間大眾議論紛紛，不知道爲何會如此。大眾在初時的驚愕之後，才知曉無法見到佛陀形相的原因，是由於如來智印三摩地的威力，於是紛紛稱讚這個勝定的功德。並在佛陀威力的加持下，發起深心祈求，遠離一切的怖畏。

接著，如來又在定中放大光明，遍照三千大千世界。於是，宇宙間的所有日月、星辰等各種光明，都被掩蔽了。又在定中發出異香，這種香十分微妙，即使是世間中最上妙的栴檀、沈水等香，也根本無法與之相比。

此時，色界、無色界的天神、大梵天王、帝釋天及無數天人，大鐵圍山、小鐵圍山及須彌山等眾山的王神，水陸、空界、幽暗之處的一切有情眾生，都見到了這些光明，都各自被這些光明所吸引，來到了竹林精舍，並各自以自己所有的香華、衣服、寶冠、瓔珞等做爲供養。

他們看到了法會中的大菩薩們以及聲聞聖眾，就如同在大水池中蓮華的開敷一般，異香芬馥，聚集在眾會中。

這些人天們熏聞這些香氣之後，都獲得了智慧明了的覺受。接著從空中又雨下了寶瓔珞、上妙衣服等，處處垂下莊嚴的妙飾來供養。

十方世界中的無數釋迦牟尼佛的化身，這時因爲佛陀示現了如來智印三摩地，所以就安住禪定之中，以神通力，攝持了各自國土的菩薩們來到娑婆世界，並示現同一身相進入王舍城的竹林精舍。

釋迦牟尼佛，見所有分身的一切諸佛都來集會之後，心中十分的怡悅，而這境界也只有佛與佛才能得以相見了。而諸佛如來同時證入了這個智印三摩地，於是他們靜慮安詳，一切動亂止息，用不動心來明照諸法，無二無別，諸佛身相也都不現了。

大會中的人天大眾，看到了十方無數諸佛，都來集會，並以殊勝三昧力使身相不現，都覺得十分驚喜，就整理衣服，雙手合掌，右繞佛陀三匝，用寶蓮華以及各色具足的眾妙華，來做供養。

這時，尊者大目乾連、摩訶俱絺羅、摩訶迦栴延、摩訶迦葉、摩訶富樓那彌多羅尼子、摩訶須菩提等，了知這些人天大眾雖然身在大會中，卻無法睹見如來的身相及安住何處。

於是尊者舍利弗就從座上站起，來到妙吉祥文殊菩薩前，請問道：「仁者！現在世尊入於如來智印三摩地，而我們大眾，爲何不能見到如來的身相及與如來住處？」

文殊菩薩就告訴舍利弗說：「尊者！你們聲聞聖眾，具有大智慧，得證了各種的解脫，並常修清淨的梵行，遠離了各種恐懼，是一切人天們所恭敬的。你們應當各自依據自身所證得的三摩地法門，用智慧力來觀察如來的身相及住處。」

於是，舍利弗等就即時各自證入自己所得的三摩地法門，用智慧力來觀察推求如來的色身及住處。

但是遍及到三千大千世界中，所有的微塵剎土，雖然他們窮盡神力，還是不能見到如來的身相。

舍利弗於是告訴文殊菩薩說：「我們依自己所得證的三摩地法門，用智慧力觀察推求如來的身相以及住處，但是卻了不可見。希望仁者爲我們分別指示，使我們能見到如來。」

「你們這些聲聞聖眾，雖然具有智慧以及神通，但是對於如來智印三摩地法門，如此精微的境界，卻無法思惟現觀，所以對於佛身和如來住處都不能得見。」

原來，這是因爲大家以差別的心，來觀察如來的身相及住處，因爲這分別的心念，使自己產生了障礙。

如何超越這些障礙呢？

首先要了悟如來的身相，並非分別的心念所能觀見的，如果能了悟自身即如來身，自身所安住的境界即如來安住之處，乃至於一切有情的身相即如來身的相，一切有情所安住之處即如來住處，空有平等一相，自他也無二無別，不捨棄有爲的萬相，而證無爲的境界，不離無爲而了悟有爲。

當以如此的心來觀察如來身及住處，才能見到如來。如果用有分別的心，想要見如來的無相境界，即使經過了無量塵沙劫數的長遠時間，也絕對無法證見。

以上所說的是如來智印三摩地的神變境界。

⊙遍淨色身三昧的神變

佛陀成道之後，由於父王淨飯王的迎請而回到母國，就安住在迦毘羅城外，尼拘律園中的尼拘樓陀精舍。

由於佛陀的父親淨飯王，看見如來的色身莊嚴無比，相好微妙，於是請問佛陀，如何觀察佛身內具及外在的妙相？於是佛陀歡喜地爲淨飯王宣說「遍淨色身三昧」。

佛陀並告訴阿難先行遍告比丘僧眾，並前往森林中命大迦葉、舍利弗、目犍連、迦栴延、阿那律等人，及彌勒菩薩、賢護菩薩等十六位賢士，前來集會。

而梵王、夜叉王、乾闥婆王、阿脩羅主、迦樓羅主、緊那羅主、摩睺羅迦主、龍主等天龍八部及諸眷屬，也都前來集會。

這時，淨飯大王及釋迦族人，也都一齊來到佛陀的精舍。當他們進入之時，見到佛陀的精舍宛如琉璃的寶山一般莊嚴，他們就向佛陀頂禮。在未舉起頭時，就見到佛陀身前有大寶蓮華現起，這蓮華由眾寶所成，在蓮華之上有著大光明臺。

大王見了之後，心生歡喜，讚歎這眞是以前所未曾有的境界，就遶佛三匝，安坐在一旁。

大王接著從座上起立，向佛陀問道：「世尊！佛是我的孩子，我是佛的父親，現在我在世間見到佛陀的色身，但是只見其外，卻不能親睹其內。悉達多往昔在宮中時，相師們都見到了三十二相，現在成佛之後，光明比以前益加明顯，超過往昔百千萬倍。而佛涅槃之後，後世的眾生，要如何觀察佛身的妙相？惟願世尊現在爲我及後世眾生，分別解說。」

這時，世尊就證入遍淨色身三昧，從三昧起定後立即微笑。這時只見有五色虹光化作五百種妙色，從佛陀的口中發出，注照大王的頂上，並從大王的頂上迴照光明寶臺，從光明寶臺，再照於精舍，接著遍照娑婆世界之後，還入於佛頂。

世尊告訴父王說：「諦聽！諦聽！父王你要善巧思惟！如來現在要說未來世的眾生得以見佛的妙法。」

「是的！世尊！我現在祈願聽聞。」

「在世間有一種師子王，名爲毘摩羅，這種師子，要四十年才會雌雄交會。而一交會後，師子王跳躍鳴吼，婉轉自撲，身體卻毫無損傷。而師子王處在母胎的時候，宛如其父獸王一般等無有異。

父王！你要知道，要使師子王處在胎中時便能鳴吼、飛躍、走伏，這是不可能的。雖然如此，但是獸王之子在母胎時，它的頭目牙爪是否與其父相似？」

「是的，世尊！獸王之子與其父無異，但牠的力量，卻不及其父百千萬分之一。」

於是佛陀告訴淨飯王，在未來世當中，善男子、善女子們及一切的眾生，如果能夠至心繫念於內，端坐正受修習禪觀，觀想佛陀的妙身，當知此人的心如同佛心一般，與佛陀無異。雖然在煩惱之中，但卻不爲諸惡所覆蔽，並能在未來世雨下大法之雨。這是遍淨色身三昧的不可思議之處。

◉師子頻申三昧的廣大神變

師子頻申三昧，就是所謂的「師子奮迅三昧」，是《華嚴經》〈入法界品〉所示現的三昧，由於此三昧的威勢猶如師子王的奮迅拔起一般，所以名之。在《華嚴經探玄記》卷十八中說，正如同師子奮迅之時，諸根開張，身毛皆豎立，示現其威勢、哮吼之相，令其餘獸類失威竄伏，令師子兒增其雄威，身得長大。佛陀也是如此，奮起大悲法界之身，廣開大悲之根門，豎立悲毛之先導，示現應機度化眾生之威德，宣吼法界之法門，令二乘諸眾藏竄聾耳，菩薩佛子增長百千諸三昧海及陀羅尼海，由於此種相應因緣，而以師子奮迅爲比喻。

《華嚴經法界次第》卷中，則說此三昧如獅子奮迅，奮揮塵土，超越前後疾走之諸獸。

在《華嚴經》第九會中，佛陀在逝多園林，和文殊、普賢等五百大菩薩、大聲聞並無量世主聚會。佛以大悲入師子頻申三昧，遍照莊嚴十方世界各有不可說剎塵數菩薩來會，各現神變供養境界。諸大聲聞不知不見。十大菩薩說頌讚佛。

普賢菩薩演說這師子頻申三昧的十種法句。佛又顯現種種神變、種種法門、種種三昧等相，文殊菩薩說頌稱讚，諸菩薩都得到無數大悲法門，從事利樂十方一切眾生。

以下我們透過《華嚴經》的描述，來進入獅子頻申三昧廣大難思的神變境界：

當時普賢菩薩受到佛陀威神力加持，以偈頌說明師子頻申三昧不可思議的境界：

一一毛孔之中，微塵數剎土海，悉有如來端坐，皆具菩薩大眾。
一一毛孔之中，無量諸剎土海，佛處菩提座上，如是遍周法界。
一一毛孔之中，一切剎塵數佛，菩薩大眾圍遶，爲說普賢勝行。
佛坐一國剎土，充滿十方世界，無量菩薩雲集，咸來集會其所。
億剎微塵土數，菩薩大功德海，俱從會中而起，遍滿十方世界。
悉住普賢勝行，皆遊法界大海，普現一切剎土，等入諸佛集會。
安住一切剎土，聽聞一切妙法，一一國土之中，億劫勤修諸行。
菩薩所有修行，普明法海妙行，入於大願之海，安住佛境界地。

了達普賢勝行，出生諸佛大法，具足佛功德海，廣現諸神通事。身雲等塵數量，充遍一切剎土，普雨甘露妙法，令眾安住佛道。

這時，世尊為了要使諸位菩薩安住如來師子頻申廣大的三昧境界，從眉宇間的白毫放出名為：普照三世法界門的大光明。這光明有不可說佛剎微塵數的光明為眷屬伴隨而來，普照十方一切世界海的諸佛國土。

這時，在逝多林中的菩薩，全都看見窮盡法界、虛空界的一切佛國剎土，每一微塵中各有一切佛剎微塵數的諸佛國土，及他們的種種名號、種種色相、種種清淨、種種住處、種種形相。這所有的國土，又有菩薩摩訶薩坐在道場的師子座上，成就等正覺。每位菩薩都有大眾前後圍遶，各個世間的王主都前來供養。或是示現在不可說佛剎微塵數的大眾會中，發出美妙的聲音，充滿法界，轉動正法輪。或出現在天宮殿、龍宮殿、夜叉宮殿、乾闥婆、阿脩羅、迦樓羅、緊那羅、摩睺羅伽、人、非人等宮殿。或是在人間的村邑、聚落、王都等地方，示現種種姓氏、種種名號、種種身、種種相好、種種光明。安住在種種威儀，證入種種三昧境界，示現種種神通變化，這是師子頻申三昧不可思議的神變境界。

菩薩的三昧神變

在基本的神通變化修證中，是以禪觀爲主來修持。到了高階的神通中，則以智慧爲中心。所以大阿羅漢所證得的神通境界，通稱爲三明六通。

但是菩薩的許多祕密境界，卻非三明六通所能涵蓋，因爲菩薩的境界是以慈悲智慧融合了禪觀，而形成各種不可思議的三昧來展現，所以菩薩三昧就成爲菩薩展現其不可思議境界及救度眾生的威力來源，並成爲菩薩修證境界的代表。

⊙普賢菩薩的法界藏身

在《華嚴經》卷第四十〈十定品〉中說：

法會中的菩薩，當聽到普賢菩薩的名號時，立即證得不可思議的無量三昧。他們的心念無有障礙、寂靜不動，智慧廣大而難以測量，三昧境界也甚深無比。他們能見到無數的諸佛示現眼前，因此而得證如來的威力，使自己的體性如同如來。他們能在三世中散發大法光明，擁有的福德是不可窮盡，具足所有的神通力

普賢菩薩的神變境界廣大不可思議

量。

這些菩薩對於普賢菩薩都心生尊重，渴望能見到普賢菩薩，但是他們極目四望，怎麼也看不到普賢菩薩的身影，也沒看見普賢菩薩安坐的寶座。這其實都是如來威神力的加持，也是普賢菩薩運用自在神通力的結果。

這時，普眼菩薩又問佛陀：

「世尊！普賢菩薩到底在哪裏呢？」

佛陀回答說：

「普眼菩薩！普賢菩薩早就在這個法會，安住在我身邊，從開始到現在都沒有移動過。」

這時，普眼菩薩以及所有的菩薩又仔細觀察法會道場，四處尋覓。然後，普眼菩薩又對佛陀說：

「世尊！我們還是見不著普賢菩薩的身影以及他的寶座。」

佛陀回答說：

「善男子！你們為什麼無法親眼看見呢？善男子！因為普賢菩薩安住的處所

甚爲深奧而不可說。普賢菩薩已經證得無邊的智慧法門，證入師子奮迅定的三昧境界，得證了無上自在的力用，又證入清淨無障礙的分際，出生如來的十種力用，以法界的寶藏作爲身軀，因此一切如來都共同護持憶念，而且能夠在一念之間證入三世諸佛無所差別的智慧，所以你們根本無法親見普賢菩薩。」

這時，普眼菩薩聽聞如來宣說普賢菩薩的清淨功德，立即證得十千阿僧祇三昧。他又以這些三昧的力量普遍觀察，渴望見到普賢菩薩，但還是無法看見。其他的菩薩大眾也都無法看見。

這時，普眼菩薩從三昧中起定，向佛陀說：

「世尊！我已證入十千阿僧祇的三昧，竟然還是無法見著普賢菩薩，看不見他的身形以及身業、言語以及語業、意念以及意業、寶座以及住處。」

佛陀說：

「如是！如是！善男子！你應當了解，這實在是因爲普賢菩薩安住在不可思議的解脫力，所以你根本無法見著。普眼菩薩！你認爲如何呢？有人能夠說出幻術中各種幻相安住的處所嗎？」

普眼菩薩回答：

「不能。」

佛陀說：

「普眼菩薩！幻術中的幻相尚且不可說，更何況是想要親見普賢菩薩的秘密身境界、秘密語境界、秘密意境界。爲什麼呢？普賢菩薩甚爲深奧的境界，不可思議，也無法衡量，因爲那早已超出任何可衡量的境界。

簡要來說，普賢菩薩以金剛智慧普遍進入法界，在任何世界都沒有所謂的往來或安住可言。因爲他了知眾生的身都不是身，沒有所謂的來與去，因此得證了無斷盡、無差別的自在神通力，沒有依止、沒有造作、沒有動轉，直到法界的究竟邊際。

善男子！如果有人得以見到普賢菩薩，或承事供養，或是聽聞名號，或是心中思惟憶念，或是生起信解，或是勤加觀察，或是開始趣向，或是正在覓求，或是興起誓願，只要相續不絕，都能獲得利益而不空過。」

這時，普眼菩薩以及菩薩眾，心中都渴望瞻仰普賢菩薩，而異口同聲地說：

「南無一切諸佛！南無普賢菩薩！」

如此稱名三次，再以頭頂禮敬拜。

這時，佛陀告訴普眼菩薩以及法會大眾：「諸佛子啊！你們應更加禮敬普賢菩薩，更加懇切請求，又應專心觀察十方世界，觀想普賢菩薩的身形示現面前。如此思惟，周遍法界，深心信解，厭離一切，發誓與普賢菩薩修習同一行願，也就是：證入眞實不二的法門，身形普遍示現世間，完全知曉眾生根器的差別，任何地方都能積集普賢菩薩的道業。如果你們能夠發起這樣的大願，就可以見到普賢菩薩。」

這時，普眼菩薩聽到佛陀所說的話，便與所有的菩薩同時頂禮，請求親見普賢大士。

這時普賢菩薩即以解脫神通的力量，回應普眼菩薩以及所有菩薩的祈願，爲他們示現色身，使他們都能見到普賢菩薩出現在如來身旁，在菩薩大眾中端坐蓮花寶座；也讓他們看到普賢菩薩相續出現在其它一切世界的所有佛所；也看到普賢菩薩在他方一切佛所，演說一切菩薩行願，開示一切智智，闡明一切菩薩神通，分別一切菩薩威德，示現一切三世諸佛。

這時，普眼菩薩以及所有的菩薩，看見普賢菩薩的神通變化，心中無比歡喜，都極爲尊重地向普賢菩薩頂禮，就如同看見十方諸佛一般。

這時，由於佛陀的廣大威神力，加上菩薩所有信仰解悟的力量，以及普賢菩薩的本願力，天空自然雨下十千種雲，也就是：種種的華雲、種種的鬘雲、種種的香雲、種種的末香雲、種種的蓋雲、種種的衣雲、種種的嚴具雲、種種的珍寶雲、種種的燒香雲、種種的繒彩雲。又有不可說數的世界同時發生六種震動。又演奏著天上的音樂，樂聲遠至不可說數的世界。又放射出大光明，這大光明普遍照耀不可說數的世界，滅除所有地獄、餓鬼、畜生等三惡道，使不可說數的世界莊嚴清淨；更使不可說數的菩薩趣入普賢行願，不可說數的菩薩成就普賢行願，不可說數的菩薩因圓滿普賢行願而成就無上正等正覺。

⊙海幢比丘從身上流出法界

在《華嚴經》善財童子五十三參中，其中的諸善知識皆是大菩薩所化顯，示現種種不可思議的神通變化。例如海幢比丘入於三昧定中，身體的各個部位卻流出種種不可思議的神變。

據經典所描述，善財童子沿路參訪善知識，思惟善知識的教誨，一日來到閻浮提旁的摩利聚落，參訪求見海幢比丘。善財來到海幢比丘的住處時，正好看見比丘正在經行的地方結跏趺坐，深入三昧，呼吸停頓，離出入息，沒有別的思覺，身體安住不動，卻發出廣大難思的神變境界。

海幢比丘的腳下流出無數百千億的長者居士、婆羅門眾，都以種種莊嚴寶具莊嚴自身。他們都頭戴寶冠，頭上繫著明珠，普遍前往十方世界，雨下種種珍寶、種種瓔珞、種種衣服、種種飲食，如法的上妙美味。種種香華、種種華鬘、種種塗香、種種薰香、種種欲樂、種種生活所需要的物具，在所有的地方救護攝受貧窮眾生。安慰苦惱的眾生，使他們都心生歡喜、心意清淨，成就無上菩提。

他的兩膝流出無數百千億剎帝利的聰慧婆羅門。他們的種種色相、種種形貌、種種衣服，上妙莊嚴，都遍及十方世界。這些婆羅門都說親愛柔軟的語言，與眾生共事，攝受所有眾生，不論是富足或貧窮；療癒生病的眾生；救度危難的眾生；平安止住身陷恐怖的眾生；悅樂憂苦的眾生，再以方便勸導他們，使他們都能捨棄罪惡，安住善法。

他的腰間流出等同眾生數量，都拿著澡瓶的無量仙人，有的穿草衣，有的穿樹皮衣。他們的威儀寂靜，周旋來回往返十方世界；能在虛空中，以諸佛之美妙音聲稱讚如來，演說種種法門。或演說清淨梵行，使眾生修習，調伏諸根；或演說所有法都沒有自性，使眾生觀察，出生智慧；或演說世間的言論軌則，或開示一切智智的出離法要方便，使眾生都能隨著次第各自修習。

他的兩脅流出不可思議的龍、龍女，示現不可思議的種種神通變化。像所謂的雨下不可思議的香雲、不可思議的華雲、不可思議的鬘雲、不可思議的寶蓋雲、不可思議的寶幡雲、不可思議的妙寶莊嚴具雲、不可思議的大摩尼寶雲、不可思議的寶瓔珞雲、不可思議的寶座雲、不可思議的寶宮殿雲、不可思議寶蓮華雲、不可思議的寶冠雲、不可思議的天身雲、不可思議的采女雲，都遍滿莊嚴虛空，充滿十方世界，供養諸佛道場，使所有眾生都心生歡喜。

他胸前卍字更流出無數百千億的阿脩羅王，這些阿脩羅王，全都示現不可思議的自在幻化力，震動百個世界。一切海水自然涌動沸騰，一切山王互相衝擊，所有的天宮殿沒有不動搖的，所有魔眾的光明沒有不隱蔽的，所有魔道沒有不摧伏的。

他讓眾生都捨棄憍慢心、怒害心，更破除他們廣大的煩惱山，平息所有的惡法，長久沒有鬥爭，彼此都永遠和善相待。他又以幻化力開悟眾生，使他們的罪惡都消滅，並恐懼生死，而決定出離各類生趣；遠離染著，安住無上的菩提心。使他們都能修習所有的菩薩行、安住各種波羅蜜、證入菩薩的境地、觀察一切微妙法門、了知諸佛的所有方便，如是所作，都周及遍滿法界。

這是海幢比丘不可思議的三昧神通境界。

⊙解脫長者的身中顯現無量國土

《華嚴經》善財所參訪的善知識解脫長者，他所證入的普遍攝受一切佛剎無邊旋陀羅尼的三昧法門，能在身上顯現十方無量諸佛及國土。

證入這個三昧之後，解脫長者的身形清淨，身中更顯現了十方各十佛剎微塵數的佛陀，以及佛國剎土中大眾集會的種種光明、種種莊嚴事。還有示現諸佛往昔種種的神通變化、一切大願、助道的方法、種種出離行，清淨莊嚴，並示現諸佛成就正等正覺，轉動妙法輪，教化眾生。

如此一切，無不在長者的身中顯現，沒有障礙。種種形相、種種次第，都如其本性而安住，毫不雜亂。像所謂的：種種國土、種種眾會、種種道場、種種嚴飾，其中諸佛示現的種種神通力，立種種乘道，示現種種願門。或在一世界中處在兜率宮裡而作佛事，或在一世界中示現從兜率宮涅槃而作佛事。像這樣或是住胎時，或是誕生；或是身處宮中，或是出家；或是前往道場，或擊破魔軍；或被諸天、龍眾恭敬圍遶；或有無數的世主勸請說法，或轉動法輪；或般涅槃，或分舍利，或建起塔廟等，無不明白顯現。

那些在他方世界諸佛的種種聚會、種種世間、種種趣生、種種家族、種種欲樂、種種業行、種種語言、種種根性、種種煩惱、隨眠習氣的所有眾生，或身處微細的道場，或身處廣大的道場；或身處一由旬的道場，或身處十由旬的道場；或身處不可說不可說佛剎微塵數由旬的道場，他都能以種種神通、種種言辭、種種聲音、種種法門、種種總持法門、種種辯才法門，以種種聖諦海、種種無畏的大獅子吼，演說眾生的種種善根、種種憶念、授種種菩薩記，演說種種佛法。

這是解脫長者證入「普遍攝受一切佛剎無邊旋陀羅尼的三昧法門」時，所顯現的不可思議的神通變化境界。

⦿瞿波童女看見毛孔中的法界

在《華嚴經》中，善財所參訪的善知識瞿波童女，她在往昔見到菩薩，戀慕菩薩的相好，而與其結為夫妻，因此後來瞿波童女證得觀察菩薩三昧海。

瞿波童女，在佛剎微塵數的時劫中，觀察菩薩的身形，沒有厭足之時。如同多欲的男女集會，互相心生愛染，生起無量的妄想思覺。她也是如此，觀察菩薩身上的每一根毛孔中念念之中能見無量無邊的廣大世界，種種的安住，種種的莊嚴，種種的形狀。有種種的高山，種種的地面，種種的雲彩，種種的名號，種種佛陀興起，種種道場，種種聚會。演說種種的修多羅法，種種的灌頂法，種種諸乘法，種種方便法，種種清淨法。

她甚至觀察菩薩的每一毛孔、每一念頭當中都能看見無邊的佛海，安坐種種的道場，示現種種的神變，轉動種種的法輪，宣說種種的修多羅法，恆常不間斷。又在菩薩的每一毛孔，見到無邊的眾生海，有種種的住處，有種種的形貌，有種種的作業，有種種諸根。又在菩薩的每一毛孔中，見到三世諸菩薩的無邊行門，就是所謂的：無邊廣大的誓願、無邊的差別境地、無邊的波羅蜜、無邊的往昔事、無邊的大慈法門、無邊的大悲法雲、無邊的大喜心、攝受眾生的無邊方便。

在佛剎微塵數的時劫之中，她念念如此觀察菩薩的一一毛孔，已經到過的地方就不再重複，像這樣的推演，想求得菩薩身上的邊際，究竟不可得。

這是瞿波童女證得「觀察菩薩三昧海」的廣大神變境界。

聖者的神通

開悟的聖者，除了以禪觀爲主所發起的神通力之外，更具足了以智慧爲中心的神通——漏盡通，以及天眼明、宿命明、漏盡明等三明及六種神通，在神通的深度與廣度上都超越世間一般的神通境界。

⊙舍利弗降伏赤眼外道

在《根本說一切有部毘奈耶破僧事》卷八中記載，當初給孤獨長者要爲佛陀建祇園精舍時，城中的外道非常嫉妒，一起來長者處抗議，要求長者不能爲佛陀建精舍。但是長者的心意非常堅定，外道看到如此，退而求其次，要求與佛弟子辯論，如果佛弟子勝了，他們就不再干涉造建精舍的事。

長者於是稟告舍利弗，舍利弗就以天眼觀察此輩外道及室羅人民，是否具有善根？觀察之後，他了知這些人確實具有善根。接著，舍利弗又再觀察誰適合來調伏他們？幾時是好時機？後來觀察自身能調伏，七天後爲適合的日子。於是訂下了七天後的辯論之約。

七天到了，外道推出一位「赤眼」外道作爲代表，與舍利弗辯論。

這位赤眼外道，善於方術變化，於是他先化作大菴沒羅樹，開花結實。此時舍利弗就變化作大雨摧樹拔根，不一會大樹就散滅了。此時赤眼外道又化作大蓮花，舍利弗就化爲小象踐踏水池摧折花朵，使其夷爲平地；外道又化爲具有七頭的龍王，舍利弗就化爲大金翅鳥，從虛空中飛下，食龍而去。於是外道又變化起屍鬼，役使其前去加害舍利弗，舍利弗以咒語咒之，使此鬼返回損害外道，外道心生恐怖急忙下座，五體投地禮敬舍利弗，著急地說：「願救我命！願救我命！」當時舍利弗攝住咒力，此鬼即消滅。

於是舍利弗爲赤眼外道說法。赤眼外道聽聞之後，於舍利弗前出家，精勤修習，不久之間，證入聖者之果，具足三明六通等八解脫，得如實智。

這就是舍利弗示現神通降伏外道的經過。

◎目犍連降伏龍王

有一次，釋尊應忉利天主釋提桓因的請求，帶領弟子上昇忉利天爲亡母摩耶夫人說法。由於在飛行前往忉利天的途中，穿越過龍王住處的上空，因此引起這兩位凶暴龍王的憤怒。他們斥罵出家人爲「禿頭沙門」，並且運用神通力在空中燃燒大火，以阻止釋尊等人上昇忉利天。

這時候，僧團中具有神通能力的弟子們，如大迦葉、阿那律、迦旃延、須菩提……等人都紛紛向釋尊請求，請釋尊允許他們以神通力與龍王交戰。但是釋尊覺得他們的神通不足以降服龍王，因而未允所請。最後，目犍連出面向釋尊請求出戰，釋尊在詢問過目犍連的戰術之後，乃放心地讓他承擔這一艱險的任務。而目犍連在與兩位龍王搏鬥過後，也不負眾望地降服他們，並且將牠們引導來皈依釋尊、受持五戒，使牠們成爲正式的佛教徒。

經中記載這段不可思議的神通變化故事如下：

當時佛陀在三十三天天宮爲摩耶夫人說法時，閻浮提的國王、人民皆相雲集，而許多具足神通的大比丘僧，更以神足通飛往三十三天，一時之間虛空變得熱鬧非凡。

他們飛行的途中，會經過優婆難陀龍王和他的哥哥難陀龍王所住之處的上空，當龍王兄弟看到許多沙門在自己頭上飛來飛去，心中很不高興地想：「這些禿頭沙門在我頂上飛來飛去，旁若無人，眞是太過份了！」

於是龍王兄弟二人就放出猛烈的火風，使閻浮提中皆燒起大火。企圖讓比丘們無法淩空飛行。

這時，佛陀的大弟子大迦葉尊者即從座位站起來，稟告世尊：「世尊！不如我前去降伏這兩條惡龍！」但世尊並沒有答應尊者的請求。

於是阿那律尊者、離越尊者、迦旃延尊者等，都向佛陀請命，自願前往降伏惡龍，世尊還是沒有應允。

這時，目犍連尊者站了起來，稟告世尊：「佛陀，不如由我前去降伏他們吧！」佛陀詳細問明目犍連的戰術之後，就允許了。

於是目犍連立刻從會場消失，出現在須彌山，見到難陀和優婆難陀龍王，正以巨大的龍身，盤繞須彌山七匝，口中吐出瞋怒的猛烈煙火。

這時，目犍連變化自身作大龍王，有十四頭，遶須彌山十四匝，放出大火煙，就在二龍王頂上安住。

難陀和優婆難陀龍王突然看見這個十四頭的龍王，彼此恐懼的說道：「我們合力試試這個龍王，到底能否勝過我們？」

於是，難陀、優婆難陀龍王就以尾擲打於大海中，以海水灑到三十三天那麼高，卻還是沾不著目犍連所變化的龍身。這時目犍連尊者也以尾拍著於大海中，海水甚至濺到比三十三天更高的天界，並灑在二龍王身上。

二位龍王恐怖的說道：「我們使盡力勢，才能把海水灑到三十三天，現在這個大龍王力量竟然比我們更大，灑得更高。我們只有七個頭，這個龍王卻有十四個頭；我們只能遶須彌山七匝，這個龍王卻能遶須彌山十四匝。看來我們兩個要合力跟他拼了！」

於是兩位龍王更進一步興起雷電霹靂，放大火焰。這時，目犍連尊者心想：「如果我也放出更大的雷電、火焰，那麼一定會傷及天上及人間的眾生，我要改變戰術才好。」於是，他就變化爲極小的身形，進入惡龍口中，再從其鼻中出；再從其鼻入，再從耳中出；又入於耳中，再從眼中出；再從其眼中出，在其眉上行走。

這時，二龍王又更加恐懼，心想：「這個大龍王極有威力，不但能大小變化自在，又能從我等口中入，鼻中出；從鼻入，眼中出。我們今日實在甘敗下風。在龍族中沒有龍王能勝過我們的，現在這個龍王威力卻如此強大，我們兄弟倆性命恐怕不保了！」於是二位龍王害怕得汗毛都豎了起來。

目犍連見到龍王心懷恐懼，就變化回平常的沙門形貌，在二龍王的眼睫上行走。此時，二龍看見大目犍連，彼此說道：「原來是目犍連沙門，眞是奇怪！他竟具有如此大威力，與我們戰鬥。」於是，二位龍王就問目犍連：「尊者爲何要來擾亂？您有什麼教敕嗎？」

目犍連回答：「你們昨日曾心想：『爲什麼這些禿頭沙門老是在我頂上飛來飛去？我要想法子阻止。』而放出大火焚燒虛空，阻撓大眾飛行。」

龍王說：「是的，尊者！我們確實如此。」

於是目犍連告訴他們：「龍王，你們要知道，須彌山者是諸天的道路，不是你們所居住之處。」

龍王回答：「唯願尊者寬恕我們，不再重責，自今以我們兄弟二人再也不敢嬈亂眾生，興起惡念亂想，唯願聽從你的教敕，爲您弟子！」

於是難陀、優婆難陀二位龍王，就變化成人形，隨目連尊者到舍衛城，皈命世尊。

⊙周利槃陀伽教化慢心衆生

在佛弟子之中，以資質魯鈍著稱的周利槃陀伽（愚路尊者），經過世尊耐心的教導，證得阿羅漢果之後，每次向他人說法時往往僅說一偈而已。如果有人僅聞一偈而覺得有所不足，他就示現神通以警醒聽法者。在《四分律》卷一二中記載，他曾經爲那些聽聞一偈而心生不喜的比丘尼示現神變。

一般示現神通的教化，經常用來對治慢心特重的眾生，周利槃陀伽就是一個很好的例子。

周利槃陀伽在開悟之前，非常愚笨，有一次，如來在精舍門口，看到他悲傷地哭泣，佛陀便走近去親切地問他：「你有什麼困難，要我幫助嗎？」

原來周利槃陀伽正因爲被他的哥哥大路尊者趕出來而傷心哭泣。因爲他實在太愚鈍了，三個月誦不會一個偈子，所以被他的親教師大路尊者趕出來，不要他出家了，所以他難過的哭泣。

「不要緊，既然如此我來教你吧！」於是佛陀教他兩句法語：「我拂塵，我除垢。」然而，周利槃陀伽如此愚笨，即使佛陀親自教他，他還是記不住。佛陀知道他的業障太重了，智慧無法開啓，於是就叫他幫比丘大眾擦拭鞋履上的塵垢。

於是他每一天就一邊持誦「我拂塵，我除垢」，一邊擦拭鞋履的塵垢。就這樣一邊誦，一邊擦，經過一段時日之後，終於能將這兩句法語牢牢地記住了，心境開朗了，智慧也顯現了。

有一天夜裡，他思惟道：「世尊教我讀誦的兩句法語『我拂塵，我除垢』，究竟是什麼意思？塵垢有內外兩種的分別，那麼世尊教我的塵垢，究竟是內心煩惱的塵垢呢？還是外在大地的塵垢呢？

原來此塵是人的貪欲，而不是大地的塵土。

此塵是人的瞋恚，而不是大地的塵土。

此塵是人的邪見，而不是大地的塵土。

有大智慧的人，應離貪欲、瞋恚與邪見。

噢！我知道了，只有離了貪欲、瞋恚與邪見的人，才是眞正能夠拂塵除垢的人。」

就在這思惟的過程中，他對豁然了悟塵垢的實相，斷除一切煩惱，證入了阿羅漢的聖果。

周利槃陀伽證道之後，就安坐著不動，直到第二天他的哥哥大路尊者經過他的面前，還以爲他是坐在那兒偷懶，所以就走過去，拉起他的手臂，並且對他說：「你趕緊起來學習讀誦吧！學會了讀誦再去打坐思惟吧！」

此刻的愚路尊者已經有神通了，大路尊者拉著他的手臂走了好長一段路，他只是把手臂無限地延伸出去，身體卻依舊坐在原位不動，當大路尊者覺得不對，回頭看他時，才露出欣慰的微笑，知道這個愚笨的弟弟已經證得聖果聖位了。

這簡直是不可思議的奇蹟，愚路尊者的愚笨程度是眾所周知的，像這樣的人，竟然也能證得阿羅漢果，一般人很難理解。尤其是其他的外道，不但不信眞有此事，甚至利用這個機會來破壞佛教和毀謗佛陀，他們說：「大家看呀！佛教有什麼了不起？又有什麼崇高偉大的呢？佛教的聖果聖位，連一個笨得不能再笨的人也能證得到，那有什麼稀奇？」

有一天，佛陀教阿難陀尊者，差愚路尊者去教誡比丘尼。

這一個愚路尊者要前去教誡比丘尼的消息，在先一天傳出之後，比丘尼之中有十二個年輕而頑皮者，便認爲這是瞧不起比丘尼，在長老比丘之中，有那麼多有智慧、能說善辯的大德比丘，爲什麼不派他們來教誡我們？而派一個在三個月中誦不會一偈的愚路尊者。

於是她們商量著惡作劇：「既然如此，我們也可以給他一點顏色看看，叫他能上臺而不能下臺。」

她們如此這般地計議了一番，便分頭去工作。一半人員布置講堂、講臺與講座，布置得特別莊嚴華麗，法座擺設得特別高大，好讓聽眾們都能清楚地看到說法的人；另一半人員則分頭上城裡去大肆宣傳，不論大街小巷，都去挨家挨戶地宣傳著說：「明天我們寺裡有一位大法師來說法，來教誡我們，那位法師是最有智慧、最有辯才、最會說法的上座比丘，凡是聽他說法之後的人，人人都能見道得道，不再輪迴生死，而得涅槃清淨。所以勸請大家不要錯過了這個大好的機會。」

因此，到了第二天，愚路尊者尚未到達，全城的善男信女，就已在比丘尼寺內，擠得水洩不通了。大家都在等待著大法師的光臨，而那十二個年輕又頑皮的比丘尼，卻偷偷地躲在一旁，等著看好戲上演。

終於，愚路尊者，帶著一個伴從的比丘光臨了，大家看見了，都很懷疑，這兩個比丘之中，究竟那一個才是大法師？如果說是愚路尊者嘛，那簡直是不可能的，如果說另外一個比丘，顯然那個比丘的年紀太輕了，不可能是上座大法師。

大家正在懷疑猜測之際，愚路尊者已經走進了講堂，踏上了講臺，他以神通觀察知道那個高大的法座，不是爲了恭敬，而是爲了取笑，所以伸手一按，那高大的法座就縮了下去。但是當他安詳地坐上法座之時，年老證果的比丘尼們，固然相信愚路尊者會宣說大法供養，但一般的凡夫們，卻覺得大大地失望了，甚至覺得被愚弄了，因此，大家議論紛紛地吵鬧著。

愚路尊者並不分辯，坐下之後，隨即入定，示現神通，從座上忽隱身不見，飛在空中，由東邊出向西邊入，由西邊出向東邊入，由南邊出向北邊入，由北邊出向南邊入；空中坐，空中臥，身上出水身下出火，身上出火身下出水；履水如平地，入地如虛空。一共作了十八種神通變化以後，還復坐於原座。

大家看見如此的神通變化，沒有不生起恭敬心的，沒有不作稀有想的，沒有不去向尊者五體投地的。這樣一來，大家恭恭敬敬地靜止下來了。當靜的鴉雀無聲的時候，愚路尊者開始爲比丘們說法了，大家才知道愚路尊者果眞入於聖者之流了。

⊙目犍連移山

佛陀住世時，在印度的邊境，有一個大國，國王及百姓都不了解佛法，而供奉梵志外道，而那些梵志，也都有神通，能移動大山，停住河流、分身變化。於是，佛陀派遣神通第一的目犍連，運用威神德力，使其信奉佛法。

根據經典記載，當目犍連聽聞佛陀的指示後，立刻飛騰空中，當時正好有許多外道，繞山而坐，想用法力移動大山。

目犍連就安住在大山的頂上，高懸虛空，大山絲毫不傾動。當時那些外道大驚說道：

「此山已經起動，是誰使其不動？難道我們之中，有了不淨的人，使法術無效嗎？」

他們四處張望，忽然見到山頂之上目犍連高橫虛空，他們就大聲喝道：

「你是什麼人？敢在這裏放肆！這座山阻礙交通，國王命令我們移去此山，爲民除患，你爲什麼要阻撓？」

目犍連笑著說：

「我明明是懸在虛空之中，你怎麼說我壓你的山呢？」

於是外道梵志們再次發動道力，三次要把山移開，但是高大的山，依然不動。

正當諸外道技窮感到驚慌時，目犍連高聲叫道：

「你們大家留神注意，你們看大山去了。」

目犍連說話時，那巍巍高聳的大山，頓時就成爲平地。

諸外道梵志都稽首說道：

「大德您從何方而來呢？如果不是智慧明達，道德深厚，一定是不能如此的，請收我們爲你座下的弟子。」

於是目犍連就帶領他們拜見佛陀，皈依了佛法。

⊙布施眼睛的聖天童子

以前有一個執師子國，城市的百姓一般人民迷信於吉凶禍福，勤於侍奉天神，不能深入佛法智慧以得解脫。執師子國有一位王子名爲聖天童子，識見廣博、辯才絕倫，爲大眾所推崇。

這時，在都城中剛好有一座天祠，奉祭著大自在天神，是全國香火最盛之處。這座大天神是以黃金鑄造的，大約有二丈高，能自在予人禍福；如果有人祈求，都能滿願得到現世的如意，因此全國民眾崇仰極盛。

於是聖天童子心中想著：要如何破除城中人民的迷信，於是他心生一計，就到神廟中要求入廟拜見天神。廟主是修持大自在天法的外道，就爲難的告訴聖天童子說：「這尊大天神像實在太神妙了，就如同眞神一般；如果一般人見到他的話，根本不敢正視；即使見到之後，由於威力太大、太靈驗了，常使人在百日之間，宛如失去心魂一般，魂不守舍。如果只是爲了祈願而來，何必參見呢？還是不見的好。」

「住持大師！如果天神宛若你所說那麼靈驗的話，我更期望能親見天神，就算是有所損傷，又有什麼關係呢？如果不是如此，那也不是我所想見的啊！您不要猶豫了吧！」王子不爲所動地堅持要親見神像。

廟主聽了之後，感覺十分驚奇；因爲一般人聽了勸說之後，知道大神的靈驗，爲了保身護命，絕對不會再要求的，而王子爲何如此奇特呢？再仔細看一看這位王子，雖然年輕但是心志堅強、高遠，而且雙目明朗，滿臉正氣光明，必定是非常之人，於是就從其所請。這個消息登時大爲轟動，千萬人趕緊追入廟內，來看一看到底誰那麼大膽，敢親見大自在天像，因爲長久以來，已沒有人有這種膽識了。

聖天童子進入安置天神像的殿內之後，大自在天神像竟然搖動著寶珠所鑲成的雙眼，怒目瞪視聖天，希望把他嚇走。聖天心中毫無所懼，只是笑一笑，然後向大天神說道：「大自在天神啊！如果講神妙的話，那麼你實在是太神奇了；但是你的心胸卻是何其小器呢？一位偉大的天神應當以威德靈驗來感人，以智慧道德來降伏萬物才對。但像你現在，依藉著黃金來顯示自身的莊嚴，搖動頗梨的雙眼來熒惑眾生，這實在是讓我太失望了。」說完，聖天竟然登上梯子，爬到大自在天的胸前，一把將他的左眼鑿了出來。

這時旁觀的民眾，驚慌的發出「啊！」聲，但看到聖天童子自在無畏的樣子，也沒有人敢予阻止。而當大天神的左眼被挖之後，大家更起疑惑，議論紛紛的說：「諸天中最大、最強的大自在天神，怎麼會被一位年輕的凡人所困呢？過去說他那麼靈驗，是否言過其實呢？」

聖天童子了知大眾心中所念，而且他的目的也已達成。爲了不使大眾的信心完全崩潰，就開示眾人道：「神明是十分遠大的；所以，就用這個因緣來試探我是否了知所謂天神的眞意。現在我因爲體悟了他的心意，所以就登上這一座由眞金所聚成的金塊，並在金塊中挖出頗梨而已。這不是對天神的不敬，而是令大家了解眞正的天神身相，是不必依靠任何精緻貴重的物品來塑造，也不必假託任何外形。所以我只是依著天神的眞意而行，既不是對天神驕慢，也不是侮辱天神，大家千萬不要誤會。」

說完之後，就離開了大自在天廟。並且發佈要當夜求取供品，在隔日清晨前去神廟致祭大自在天。

由於聖天原本就極負盛名，再加上他的智慧被視爲妙通天心。所以，他所說的話，大眾無不響應。因此大家就供養無數珍妙的精饌、物品，不只十分豐盛，更是有物必備，前來供奉大自在天。

隔日，只見大自在天的身像，高有數十丈，從天而來，十分莊嚴，但其左眼卻已凹陷。大自在天身形示現如原來大小之後安坐在寶座上，在遍觀供品精饌之後，嘆未曾有，就向聖天說道：「這實在是你的功德所成就的供養啊！」接著又說道：「你得了我的眞心，而一般人卻只得到我的外形。你以心來供養，而一般人卻是以物質來饋贈。用智慧來尊敬我的是你，而用畏懼來誣蔑的是一般人啊！你的供養眞是盡善盡美！但是如果能布施供養對方所沒有的物品，才是眞正最上的布施。」

「大天神，您能鑒察我的心，我則唯命是從。」

「我現在所缺少的是左眼，如果你能布施的話，現在就給我吧！」

「敬如天神之命。」聖天就毫不遲疑的以左手挖出左眼布施給大自在天。大自在天就以神通力使王子的左眼復生，卻隨即又向王子索取左眼；而聖天也立即又將左眼挖出。從清晨到晚上一天之內共刨出了數萬隻左眼。

大自在天看了之後，實在是讚嘆不已，就說道：「善哉！善哉！這眞是最無上的布施了；你將來有何願望，我必能如你之願，予以成就。」

王子自在地回答大自在天：「我了悟自心不假於外，所以並沒有任何外求之願，但可惜的是一般愚昧的世人，不能信受了悟我的教法，實在可悲。天神如果你要護持我的話，就請你使我一切所言絕不虛設，眾生能自然信服，以得解脫；除此之外，並無其他心願。」

大自在天說：「必定能從你之願。」說完之後，就飛空而去了。

⊙蓮花生大士的幻化

西藏密法的始祖蓮花生大士，示現了無數不可思議的神通變化，使大眾對佛法生起無比的信心。據載大士在印度東北邊界教化時，他曾示現廣大的神通而使原本是外道的日力王皈信佛法。

天力王的兒子日力王子，不只是獨眼，而且皮膚是十分可怕的青藍色，左腋下也有極強的狐臭，臭味十分強烈，甚至比爛牛皮還難聞，而他的左腳還是跛腳。雖說是自己的王子，國王還是很害怕讓他拋頭露面，被指指點點地丟盡面子，於是只有將日力王子關在宮中，禁止他出門。王子長大了，天天吵著要娶王妃，否則就要自殺。

好不容易天力王為他娶了一個小國美麗的公主阿檀木，他卻因為公主太美了，害怕她逃跑而日夜守著她，公主無法忍受丈夫醜陋的容貌及難聞的氣味，想自殺卻被嚴密地看守著，夫妻兩人就在這種糾纏中日復一日。

蓮花生大士觀察因緣成熟後，就裝扮成一位幻術師來度化日力王子夫婦，但是天力王卻懷疑蓮花生大士是來誘騙王子與王妃，破壞國家，於是立即派人去逮捕蓮花生大士，而且下令使用磚瓦砌成了一座瓦房，來特別囚禁他。這座磚瓦房子砌得非常牢固，而且四週都架滿了柴木與烈油，蓮花生大士被抓來之後，國王就命令衛士把四週的柴火一起點燃，剎那間烈火焚燒而起，火舌亂竄，將整座磚瓦房子燒得像火窯一般。蓮師坐在窯中，卻像安坐在極樂世界的蓮華上，充滿安頓清涼。

火焰燒得極爲猛烈，黑煙密布在這座磚瓦房子之上。但忽然之間，整座磚房竟然幻化成爲一座金色寶塔，巍巍峨峨有三層樓房一般高。在這座金塔之上，更有著無數的華蓋、輪寶嚴飾著，大金塔莊嚴不可思議的放射出五彩的虹光。

大家這才了悟蓮花生大士的確是一位殊勝的大成就者，而皈信佛法。

⊙阿加曼尊者的天耳通

近代南傳佛教中，著名的阿加曼尊者，是具有天耳通的修行者。

有一次在他遊行期間，尊者阿加曼和同伴到了一個山地部落，當地的居民，幾乎都沒有看過頭陀行比丘，所以對他們極爲防備。

有一天晚上，酋長召集村民，告訴他們現在有兩隻老虎僞裝成人，已經住在離此不遠的一個地方。婦女和小孩從此被禁止走近那個地方，甚至要村民必需幾個人結伴同行才能去。此外，酋長還警告村民必須小心，否則會被這兩隻假裝成人的老虎吃掉。

當酋長這樣警告著他的人們時，尊者阿加曼正在禪定之中，由於他具足天耳通，能夠聽到酋長正在說這個荒謬的消息。他驚訝於這個意想不到的罪名，卻對愚痴的村民生起極大的悲憫，他知道有許多村民將會相信酋長的話，那麼對這些村民會是一個很大的業障，由於毀謗聖者的緣故，如果他們不改變這個想法，在他們死後，都將投生爲老虎。

第二天，尊者告訴他的朋友，他們已經被控訴爲假裝人形，想要殺害村民的老虎。「如果我們現在就離開這裡，」尊者阿加曼說：「他們死後都會投生爲老虎。爲了幫助他們，我們必須在此停留較久，來度化他們。」

從那以後，時常會有成群的觀察者，從村裡悄悄地溜到尊者阿加曼和另一個比丘住處的四周。

但是尊者阿加曼和他的同伴爲了度化村民，還是繼續在惡劣的環境下忍耐著，他們必須忍耐到村民的態度軟化了，恢復了理性爲止。

深夜，尊者住處那地區附近一帶有老虎的吼聲。牠們都是龐大、凶猛的老虎，雖然牠們就在不遠的地方漫遊，卻幾乎不曾接近兩位比丘所住的地方。

村民的好奇和憂懼心仍然很強。他們每天下午三、五成群地跑來觀察。

一天晚上，當尊者阿加曼禪思的時候，用天耳通的神通力聽到，酋長正在詢問他的觀察團，兩個比丘有什麼過錯，觀察員一致地回答，他們不能找到兩隻「老虎」的任何過錯。

村民決定與兩位比丘談一談。一天下午很多村民一起來拜訪阿迦曼尊者。其中一個問他爲什麼靜坐?還是當他來回走著時是在尋找什麼?

「我的佛德掉了。」尊者阿加曼說:「我坐著和走著是爲了找尋佛德。」

「到底什麼是佛德?」他們問:「我們能夠幫你找嗎?」

「哦,是的,你們都能夠,」尊者阿加曼回答:「佛德是全世界(三界)中惟一的無價之寶,佛德是全知的。那眞是太好了,如果你們願意幫我去找佛德,那麼我們就能夠很快地找到佛德了。」

「你丟掉你的佛德多久了?」

「不久以前。有了你們的幫忙,我們就能更快地找到它了。」

這群村民就在阿加曼尊者的善巧教化下,不但不再懷疑尊者,更邁向了成佛之道。

生死自在的神通

開悟的聖者，體悟了生死的實相，因此，在面臨生死境界時，經常會示現不可思議的神通，令人贊歎，也深深生起「有爲者，亦若是」的嚮往之情。以下所介紹的就是開悟的聖者們，在面臨生死時所展現境界。

⊙化成水的憍梵鉢提

釋迦牟尼佛滅度之後，因爲其大弟子舍利弗及目犍連都先入滅了，所以就由大迦葉尊者主持結集。當時負責結集的大阿羅漢們討論著：「毘尼法藏要由誰來結集比較好呢？」阿泥盧長者就說：「舍利弗尊者的成就宛如第二佛，他雖然已經入滅，但還有一個優秀的弟子憍梵鉢提在。此人心地柔軟和雅，常處靜處，善能了知毘尼法藏。現在在天上尸利沙樹園中安住，我們何不請他下來呢？」

憍梵鉢提又被稱爲「牛相比丘」，因爲他於過去世，曾經摘下一莖之禾，有數顆穀粒墮地，而於五百世中受生牛身，所以還遺留有牛的習性，飯後經常如牛一樣虛哺咀嚼，所以有「牛相比丘」之稱。雖然受到旁人譏嫌，但憍梵鉢提卻不在意，與人恬淡無爭。釋尊悲憫其常遭人毀謗譏嘲，就命他前往忉利天宮尸利沙園修習禪定。

於是大迦葉就派了一位下座部的比丘，去天上請憍梵鉢提尊者來與會。這位比丘立刻就像金翅鳥一般飛到天上去了。

到了憍梵鉢提的住所，比丘問候他：

「柔軟善妙的大德啊！您是如此少欲知足，常在禪定。大迦葉遣我來問候您，並說僧團現有大法事，請您趕快回來。」

憍梵鉢提覺得很奇怪：「如果僧團沒有鬥諍之事，怎麼會找我呢？是有人破壞僧團和合嗎？還是佛陀入滅了呢？」

比丘回答：「誠如您所說，佛陀確實入滅了。」

憍梵鉢提感歎地說：「佛陀滅度實在太快了，世間的眼目就這麼滅了！那麼，我的親教師舍利弗呢？」

「他已先入涅槃了。」比丘回答。不但舍利弗入滅了，目犍連也是。

「佛法即將散滅，這些大成就者都先走了，眾生實在可悲可憫啊！」憍梵鉢提更加感慨。

「既然我的老師們都走了，我在這兒也沒有意思了，不如就在此入涅槃吧！」憍梵鉢提即時入禪定中，踴入空中，身放光明，又出水、火，手摩日月，現出種種神變，從心輪出火燒燃，又從身中流出四道水，從天上流到大迦葉所在。

這水中的生命說話了：

憍梵鉢提稽首禮　妙眾第一大德僧

聞佛滅度我隨去　如大象去象子隨

意思是說：我憍梵鉢提向大迦葉稽首禮敬，因爲大迦葉是大眾中具足妙德之僧。因爲佛陀已經滅度，我也要跟著走了，就像象王走了，象子也會跟著去一般。

憍梵鉢提就這樣自在示現種種神變而入滅。

⊙在恆河上空入滅的阿難尊者

阿難尊者被喻爲佛弟子中多聞第一，他是佛陀的堂弟，從出家開始到世尊入滅，阿難尊者都擔任佛陀的侍者。在如來滅度後，第一次的經典法集，就經藏的法集就是由阿難所誦出。

佛陀入滅時，阿難雖然多聞，但仍未證得阿羅漢，所以被大迦葉擯於經典結集的行列之外。經過許多刺激，他更加努力，終於證入聖者之流，並示現神通，從門的鑰匙孔裡進入結集所在。此後便遊化各處，宣暢妙法，度化眾生。

有一天，阿難經過竹林裡，聽見一個比丘在誦法句偈：

若人生百歲　不見水老鶴
不如生一日　而得睹見之

意思是：人如果活到一百歲，卻沒見過「水老鶴」這種鳥，不如活一天而看過這種鳥。

阿難聽了很奇怪：佛陀並沒有這樣說啊！於是他就上前告訴這個比丘：「你

所誦的偈並不是佛陀所教導的。有兩種人是謗佛者：一種是多聞而生邪見者，一種是不了解佛所說的深刻義理而顛倒妄說者，這兩種人只會傷害自己，不能讓人遠離三惡道。你剛才所誦的偈是不對的，佛陀是這麼教的：

若人生百歲　不解生滅法
不如生一日　而得了解之

比丘聽了以後半信半疑，回去問自己的老師。原來在梵文裡這兩首偈的字音很接近，意義卻完全不同。但是他的老師卻堅持自己是對的。並說：「這個阿難年紀大了，說話也老糊塗了。你莫管他，還是照我教你的持誦下去。」

下一次，阿難又路過竹林，聽見比丘還是誦錯，很奇怪地問他，那比丘就把自己老師批評阿難的話重說一次。

阿難很訝異：「這個比丘竟然不能接受我的指導，而寧願接受錯誤的教法。」他又入三昧觀察，發現不管是那位大德、聖者來指導這個比丘，他也不會接受的。阿難不禁感歎佛陀入滅之後，正法迅速壞散，世間邪見熾盛，不善增長，誹謗如來、斷絕正教，永遠沉沒在生死大河之中。

「既然無法再利益眾生，我繼續留在這個世間也沒有意義了。」阿難心裡想著，打算就此入涅槃，於是他來向阿闍世王告別。

不巧阿闍世王正在睡覺，阿難託門人轉告其將入涅槃的事，就往毘舍離去了。阿闍世王夢見自己王座的寶蓋折斷而驚醒，門人告訴他阿難來辭行之事，阿闍世王急急帶著軍隊追阿難去了。

當時阿難已經乘船到了恆河中央，要往毘舍離去。恆河兩岸的國王為了爭取阿難在自己的國境裡涅槃，不惜發動戰爭。阿難只好飛身到恒河中央的上空，作十八種神通變化，入風奮迅三昧，把全身舍利分做四份，一份給大海娑伽龍王，一份給忉利天釋提桓因，一份給阿闍世王，一份給毘舍離的人民，而自在的入滅了。

⊙消逝在空中的普化禪師

普化禪師是臨濟義玄禪師的師叔，師侄二人情誼深厚，普化並幫助義玄開了臨濟一宗。

唐懿宗咸通初年（公元八六〇——八七三年），普化住世的因緣已盡，即將示滅了。於是，他就來到街市中，就像平日一樣，逢人便向人乞討一文錢，只是這次他不再乞錢，而對人說：「乞給我一個直裰。」

大家一聽普化禪師要直裰長袍，就以爲他冷了，於是有人送來披襖，有的人給與布裘。不過，他都不接受，只是依舊振鐸而去。

臨濟聽說了之後，就差人送了一付棺材給普化。普化這才歡喜的笑了，說：「臨濟這廝兒，眞是饒舌多嘴。」便欣喜的接受了。

有一天，普化向大眾告辭。他說：「普化明日要去東門死也。」

於是郡人市民奔相走告，大家都想看禪師怎麼死，於是大夥兒就相率簇擁著普化出城，且要看看他怎麼死。

沒想到，普化不肯死了。只是煞有其事的說：「今天的日子不好，不適合走。」鬧得大家議論紛紛，好生沒趣。

接著，他又宣布了：「明日普化要到南門遷化。」大眾雖然撲空一次，但是看熱鬧的興緻還在。隔天，大家又隨著他出南門去了。

沒想到他出了南門之後，又說：「明日出西門死，方才吉祥。」結果，弄得大家意興闌珊。隔天到西門時，他又說明天要出北門死，這時也就沒人理他了。

第四天，他便自己扛著棺木，出了北門之外。振著鐸，自己爬進棺材，死了，一點都不勞煩他人。

郡人市民一聽普化眞的死了，剎那間全呆住了。忽然之間，全部的人，狂奔了起來，手上的工作能丟的就丟，相爭著跑第一出北門，來看普化怎麼死的。

當他們到達棺木前，揭起棺蓋一看，只見空空如也，那來的普化呢？

忽然空中傳來熟悉的鐸聲，普化便隱空而逝了。

⊙倒立入滅的隱峰禪師

五台隱峰禪師，是唐代的禪僧，福建邵武人，俗姓爲鄧，因此世稱爲鄧隱峰。他年幼的時候，十分的憨狂不慧，不遵循父母之命，後來父母就讓他出家了。剛開始參謁馬祖道一禪師，之後去參訪石頭禪師，有所悟入之後，回到馬祖門下。

鄧隱峰後來常冬天居於南嶽衡山，而夏天則住於清涼五台山。他在唐憲宗元和年間（公元八〇六—八二〇年），要登五台山，在從淮西出發途中，碰到吳元濟的叛軍，並被其所阻擋。

吳元濟是淮西節度使吳少陽之子，吳少陽在元和九年（公元八一四年）死後，元濟匿不發喪，自領軍務。次年，元濟縱兵旁掠，侵及洛陽東都，因此唐憲宗在元和十年至十二年（公元八一五—八一七年）間，從事著討伐淮西之役，這也是唐憲宗對藩鎮最艱苦的一次戰役。

當隱峰到淮西時，官軍正與賊兵交鋒，未分勝負。這時，隱峰一時悲心生起，便說：「我應當前去開解這場殺戮。」

於是擲錫於空中，飛身冉冉，從兩軍中間掠過。兩軍的將士仰頭觀看這個奇僧飛騰空中，於是戰鬥的心意頓息，竟封刀不戰了。在中國的禪門中，是不准顯露神通的，隱峰禪師既已顯露神異境界，恐怕惑異眾人，於是決定入於五台山中，在北台的金剛窟前示滅。

隱峰禪師爲了要如何入滅，也十分的煩惱。因爲他想死得奇特一些，於是就問大家：「諸方的修行者遷化入滅，有些是坐著去，有些是臥著去，這些我都見過了。但是有沒有站立而遷化的人呢？」

沒想到，竟然有人回答：「有。」

於是他又問：「那有沒有倒立著入滅的呢？」

這時，大眾討論了許久，結論是：「未曾見過有倒立而化的。」

隱峰禪師即時倒立而化，一下就入滅了。連衣服都服服貼貼的，順貼著身體，也一起倒立而亡了。於是大眾一起商議，要將他抬去荼毗火化，但是大家卻怎麼抬也抬不動。於是隱峰倒立而亡，竟成了五台奇景，五台遠近的大眾，都一起來瞻視這屹然不動的倒立奇景，驚嘆不已！

隱峰禪師有一妹妹出家爲尼，這時正好也在附近，聽到她老兄的怪事，就趕到金剛窟前了。這尼師一見到她一生作怪的兄長，連死也要死得怪怪的，可氣得七竅生煙。於是就拊著他的身體，斥咄說：「老兄啊，你往昔生時不守佛法律儀也罷，怎麼死後還更加熒惑於人呢？」於是就用手一把推動隱峰的身體。

隱峰被他老妹，一針刺中要害，只好頹然而倒了。於是，他老妹就近爲他闍維火化，收取舍利，建塔安置。這就是北台有名的隱峰塔。

⊙密勒日巴尊者的他心通

在《密勒日巴歌集》中，記載著密法修行成就者密勒日巴大師他心通的故事。當時大師受到當地居民的崇仰，使一位操普博士非常嫉妒，而決定毒害尊者。

這位操普博士，在村子裏有個情婦。他就叫這個女人在奶酪裏面放了毒藥，拿去供養密勒日巴尊者，準備毒死他。操普答應這女人如將此事辦妥，一定送她一塊大碧玉。這個女人以爲他說的話是眞的，就把毒藥放在奶酪裏面到崖城來供養尊者。由於尊者具足他心通的緣故，早已知悉一切陰謀。

尊者觀察因緣，知道與他有緣的眾生都已經化度，毒藥雖不能傷害他，但自己涅槃的日子也將到了，於是就準備受毒藥的供養。但是尊者知道，如果在供養毒奶以前，這個女人沒有拿到玉石，那麼，她就再也不會得到了。因爲操普博士是決不會再把玉石給她的。所以尊者就對這個女人說：「現在我不要吃，請你以後再拿來，也許那時我就要吃了。」

她聽了尊者的話，心中又疑惑又害怕，猜想尊者大概已經知道奶裏有毒了，就十分不安的回去了。

她見了操普博士，就把經過的情形告訴他，並說尊者一定有神通，知道操普要毒死他，所以不肯接受供養。

操普說：「哼！他要是有神通的話，就不會叫你以後再拿給他，爲什麼不叫你自己把這毒奶吃掉？他不這樣做而叫你以後拿來，明明表示他沒有神通。現在你先把這塊玉石拿去，再把奶酪拿給他，這次去你一定要他吃掉！」於是就把玉石給她了。

她說：「大家都相信他一定是有神通的，因爲他有神通所以那天沒有吃。即使今天我再拿去，他也決不會吃的。我很害怕，不敢去，寧願不要這塊玉石。請饒了我吧，別再叫我替你辦事了。」

操普說道：「只有愚人凡夫才相信他有神通，因爲他們不看經書，不懂道理，所以被他的誑話欺騙了。我看的經書中，有神通的人，不是像他這個樣子的！我保證他沒有神通。」他又假裝溫柔的說：「現在你再把有毒的奶酪拿去給他吃，若是我們目的達到，我一定不會辜負你的。我們相戀了這麼久，以後也用不著怕人說閒話了，你要是把此事辦成功了，乾脆我就跟你結婚，那時不但這塊玉石是你的，我外面的財產和家中的財產，也一齊都交給你管，我倆禍福相共，白頭偕老，你看好不好！」

這個女人信以爲眞，就又把毒藥放在奶酪裏，又回來供養尊者。這次尊者破顏微笑的接受了。那個女人心裏想：「博士的話眞不錯，他眞沒有甚麼神通！」

尊者就微笑地對她說道：「你做這個事情的代價——那塊玉石，拿到手沒有？」

婦人一聽，大驚失色，驚駭得一句話也說不出來。一時慚懼交集，嚇得混身發抖，臉色全青；一面禮拜，一面哭著顫聲的說道：「玉石得到手了，但是請您不要吃這奶酪，將它給我吧！」

尊者說：「你要它幹甚麼？」

她哀泣道：「讓造作罪業的我吃下去算了！」

尊者說：「一來我不忍叫你吃下去，因爲你太可憐了；二來如果我不接受你的供品，我就違背了菩薩學處，犯根本墮。特別是我此生的自、他、度生事業都已經圓滿，到別的世界去的時候也已經到了。

其實，你的供品並不能傷我，吃與不吃絲毫沒有甚麼關係。如果上次我吃了你送的奶酪，那麼你的玉石恐怕就得不到手了，所以我沒有吃。現在既然你的玉石已經到手，我也就可以安心地吃，同時他也就可以滿足他的願望了！再說，他雖然答應你將此事辦成之後，給你這個，給你那個，可是這些話是靠不住的。他所說的關於我的話，一句眞的也沒有。

你們兩人常常拋棄快樂幸福，自找痛苦。這一次你們所造的罪業，我要發願替你們清淨懺除。爲了你們的安全，這一次所做的事情，雖然遲早大家都會知道，在我沒有死以前，切記不要對人說。」

說完，尊者就把毒奶喝下去了。

尊者在吃下婦人所供養的毒奶酪之後就生病了，示現入滅的因緣。

密勒日巴大師，生死自在，在入滅前他還和弟子玩了一場小小的遊戲。

密勒日巴上師因爲吃了毒奶酪而生病，在入滅前，他對弟子們說：「本來大修行人在村鎮中圓寂，就如同皇帝在平民家中死去一樣，所以我要到曲巴去找死的地方了。」

由於這兩個地方有些距離，弟子色問惹巴就說：「上師啊！您老人家這樣重的病，走去實在太辛苦了，我們去弄一個轎子來抬您走吧！」

尊者說：「我不一定眞是在生病，我死也不是眞的死，只是示現病相、死相而已！用不著甚麼轎子。年輕的徒弟們，你們先到曲巴去吧！」

沒想到等到那些年輕的弟子們走到曲巴的時候，尊者早已在織結崖洞等他們了。許多年長的徒弟們說：「是我們伴隨著尊者一起來的。」

另一個人說：「尊者在毒龍頂窟上害病休息。」

曲巴村後到的施主們卻說：「我們看見尊者在卡頂窟說法。」

又有些施主則說：「是我們和尊者一同來的。」

還有許多人卻都說：「我們各人在自己的家中，都有一個尊者前來承受供養。」

那些最先從曲巴來的人就說：「尊者先到曲巴去的！是我們侍候尊者一起來的！」

於是後來的，看見尊者說法的，和承事供養尊者的，大家各執一詞，爭辯起來，不知誰是誰非。尊者聽了笑道：「你們大家都對的，我之所以如此，不過跟大家開一開玩笑罷了！」這是密勒日巴尊者化身無數的神通。

⊙經行時的入滅

在南傳的經典《清淨道論》〈說隨念業處品〉中，有一則關於比丘由於修學呼吸的禪觀，預知時至，生死自在的故事。

在一個明月皎潔圓滿的夜晚，這位長老比丘於經行時凝視天上的明月，觀察到自身壽命將盡，於是他決定在死前現一個小小的遊戲。

他同其他的比丘：「你們以前看過怎樣涅槃的比丘呢？」

有人說：「有安坐而入滅者。」

有人說：「有在空中盤腿結跏趺坐而入滅的。」

長老比丘就說：「現在我讓你們看看經行中入滅的例子。」

長老就在經行處畫了一條線。

「現在我從此端經行到那條線處，就將入於涅槃。」於是他果眞在經行至踏上那條線時，入於涅槃。

⊙示現瘋行的金山活佛

金山活佛是近代的瘋行者。金山活佛平時穿得邋邋遢遢的，遇到信徒禮拜他，他也趴在地上連連磕頭，一面磕，嘴裡還不斷念著：「佛啊！觀世音菩薩啊！」

爲什麼人家稱他「金山活佛」呢？原來他是金山寺的出家比丘，法名妙善，「活佛」的尊號由來有很多種傳說，其中有說是因爲他早年在金山寺充當藏經閣上的香燈職務，不愛說話，只喜歡坐禪，常坐在窗門檻上打坐，人家說太危險了，他卻說是要降伏睡魔。

有一天又在打坐時，一時昏沉，從窗上摔了下來，下面的人都驚叫起來，因爲藏經閣離地面有十幾丈高，地面鋪石板，就算不死也去掉半條命了。大眾急忙簇擁上去，卻看妙善師父好端端地坐在地上，腿還是和打坐一般盤著，僧俗驚異，活佛的名號就傳揚開了。

妙善禪師吃飯時，常喜歡把鐵鍋上的銹和鐵皮和在飯裡，再加上自己的鼻涕口水拌一拌吃下去。連在街上看見瓜子殼、花生殼、果皮、字紙、草紙等，一古腦通通吃下去。跟他走在一起的弟子嫌這些東西骯髒，不讓他吃，他也不管，還是照樣，還會反問弟子：「什麼骯髒齷齪？骯髒同乾淨有什麼分別？」有人送鈔票供養他，他也揉一揉吞下肚子裡去。人家供養他，兩碗三碗也吃，十碗八碗也吃，不說不夠，也不說太飽。

妙善禪師後來到仰光去弘化，留下許多奇談。後來他所掛單的寺院被緬甸政府關閉，他就住在大舍塔上，開始不吃飯，每天只在路上撿果皮、垃圾、鐵皮等充饑。加上他每天在熱石板上拜佛，受了熱毒，兩腳腳背上長了毒瘡，他卻禮拜依舊。他俗家弟子見他生病，沒人照顧，就把他接回家去，並請醫生來替他看病，但他一直不願意，拖到腳上的瘡口潰爛長蛆，他還是不肯，並把這一條條蛆小心地捉下來，叫人拿到草地上放生。

後來他的弟子看到瘡口更加潰瀾怕人，濃血不斷外流，又勸請他就醫，他就嘆了一口長氣說：「弟子雖有財，有捨心，怎奈不能轉變我的業力！」不管怎麼勸說，妙善禪師始終不肯醫治，弟子看他態度如此堅決，也就沒有辦法。

後來弟子推測他的病，完全是不沖涼，受了熱毒所致，心想要是沖洗個冷水澡，也許會好一點；於是乃要求他沖涼，法師同意了，並說：「你要我沖涼很好！我看今天也正是我沖的時候了。」說著，就爬下床來，大家把他扶到沖涼房裡，引著活佛站立在蓮蓬頭底下，並且告訴如何開水管，又向他說：「你許久不沖涼，要多沖一下，方可除掉熱氣。」妙善法師笑嘻嘻答道：「我知道，一定要多沖，只沖這一下，就不須再沖了。」

弟子們把活佛送進沖涼房後，都走了出來，關上房門，過了好一會兒，也不見他出來，大家以爲他是要多沖一下，只好等著，聽牆上掛鐘敲打九下，沖了兩個鐘頭的水，仍不見出來，走到門邊一聽，還聽得裡面有水聲，他們都在心裡好笑，覺得活佛眞有點怪！幾年不沖澡，要一次沖個夠。又過了許久，大家漸覺不對，喊他也沒回應，推門進去，看見水仍流著，妙善法師就站在蓮蓬頭下入滅了。

結語

本書試圖將佛教的神通，做完整而正確的介紹，希望能讓對神通有興趣者，都能擁有正確而清晰的神通觀。

神通的修證，其實是一種無盡的旅程，只有到達圓滿的佛境，才能窺探其全貌。因此，期望在修行道上的所有人，能以正確的見地與修行方式，邁向究竟之道。

也希望所有的神通力量，是用來增長自身的智慧與悲心，並幫助所有眾生，以共同成就無上菩提。

附錄：《佛教的神通》主要參考書目

1.長阿含經　大正藏第1冊

2.中阿含經　大正藏第1冊

3.雜阿含經　大正藏第2冊

4.別譯雜阿含經　大正藏第2冊

5.增壹阿含經　大正藏第2冊

6.佛說法集經　大正藏第2冊

7.大方廣佛方嚴經　大正藏第10冊

8.大寶積經　大正藏第11冊

9.佛說觀普賢菩薩行法經　大正藏第9冊

10.妙法蓮華經　大正藏第9冊

11.放光般若經　大正藏第8冊

12.菩薩從兜率天降神母胎說廣普經　大正藏第12冊

13.菩薩善戒經　大正藏第30冊

14.過去現在因果經　大正藏第3冊

15.摩訶般若波羅蜜經　大正藏第8冊

16.觀無量壽佛經　大正藏第12冊

17.大薩遮尼乾子所說經　大正藏第9冊

18.賴吒和羅經　大正藏第 1 冊

19.悲華經　大正藏第 3 冊

20.根本說一切有部毘奈耶雜事　大正藏第 24 冊

21.根本說一切有部毘奈耶破僧事　大正藏第 24 冊

22.彌沙塞部和醯五分律　大正藏第 22 冊

23.摩訶僧祇律　大正藏第 22 冊

24.根本說一切有部尼陀那目得　大正藏第 24 冊

25.四分律　大正藏第 22 冊

26.入阿毗達磨論　塞犍陀羅造　大正藏第 28 冊

27.大乘莊嚴經論　無著菩薩造　大正藏第 31 冊

28.大智度論　龍樹菩薩造　大正藏第 25 冊

29.成實論　訶梨跋摩造　大正藏第 25 冊

30.舍利弗阿毗曇論　大正藏第 28 冊

31.阿毘達磨大毘婆沙論　五百大阿羅漢等造　大正藏第 27 冊

32.阿毘達磨俱舍論　尊者世親造　大正藏第 41 冊

33.集異門足論　尊者舍利子說　大正藏第 26 冊

34.順正理論　尊者衆賢造　大正藏第 29 冊

35.瑜伽師地論　彌勒菩薩說　大正藏第 30 冊

36.解脫道論　阿羅漢優波底沙梁言大光造　大正藏第 32 冊

37.雜阿毘曇毘婆沙論　尊者法救造　大正藏第 29 冊

38.佛性論　天親菩薩造　大正藏第 31 冊

39.顯揚聖教論　無著菩薩造　大正藏第 31 冊

40.阿毘曇毘婆沙論　迦栴延子造　大正藏第 28 冊

41.阿毘曇甘露味論　尊者瞿沙造　大正藏第 28 冊

42.清淨道論　覺音造　中華佛教百科文獻基金會出版

43.大乘義章　慧遠法師撰　大正藏第 44 冊

44.宗鏡錄　智覺禪師延壽集　大正藏第 48 冊

45.華嚴經內章門等雜孔目章　智儼集　大正藏第 45 冊

46.華嚴經探玄記　魏・法藏述　大正藏第 35 冊

47.攝大乘論釋　世親菩薩造　大正藏第 31 冊

48.釋禪波羅蜜次第初門　隋・智者大師說　大正藏第 31 冊

49.法界次第初門　隋・智者大師撰　大正藏第 46 冊

50.俱舍論記　唐・普光述　大正藏第 41 冊

51.辯中邊論述記　唐・窺基撰　大正藏第 44 冊

52.妙法蓮華經玄義　隋・智者大師著　大正藏第 33 冊

53.華嚴經玄贊　唐・窺基撰　大正藏第 34 冊

54.瑜伽論記　唐・釋遁倫集撰　大正藏第 42 冊

55.教乘法數　唐・釋遁倫集撰　大正藏第 42 冊

全佛文化有聲書系列

經典修鍊的12堂課(全套12輯)

地球禪者 洪啟嵩老師 主講 全套定價NT$3,700

〈 經典修鍊的十二堂課一觀自在人生的十二把金鑰 〉有聲書由地球禪者洪啟嵩老師，親自講授《心經》、《圓覺經》、《維摩詰經》、《觀無量壽經》、《藥師經》、《金剛經》、《楞嚴經》、《法華經》、《華嚴經》、《大日經》、《地藏經》、《六祖壇經》等十二部佛法心要經典，在智慧妙語提綱挈領中，接引讀者進入般若經典的殿堂，深入經典密意，開啟圓滿自在的人生。

01. 心經的修鍊	2CD/NT$250	07. 楞嚴經的修鍊	3CD/NT$350
02. 圓覺經的修鍊	3CD/NT$350	08. 法華經的修鍊	2CD/NT$250
03. 維摩詰經的修鍊	3CD/NT$350	09. 華嚴經的修鍊	2CD/NT$250
04. 觀無量壽經的修鍊	2CD/NT$250	10. 大日經的修鍊	3CD/NT$350
05. 藥師經的修鍊	2CD/NT$250	11. 地藏經的修鍊	3CD/NT$350
06. 金剛經的修鍊	3CD/NT$350	12. 六祖壇經的修鍊	3CD/NT$350

全佛文化白話佛經系列

白話華嚴經　全套八冊

國際禪學大師　洪啟嵩語譯　定價NT$5440

八十華嚴史上首部完整現代語譯！

導讀 + 白話語譯 + 註譯 + 原經文

《華嚴經》為大乘佛教經典五大部之一，為毘盧遮那如來於菩提道場始成正覺時，所宣説之廣大圓滿、無盡無礙的內證法門，十方廣大無邊，三世流通不盡，現前了知華嚴正見，即墮入佛數，初發心即成正覺，恭敬奉持、讀誦、供養，功德廣大不可思議！本書是描寫富麗莊嚴的成佛境界，是諸佛最圓滿的展現，也是每一個生命的覺性奮鬥史。內含白話、注釋及原經文，兼具文言之韻味與通暢清晰之白話，引領您深入諸佛智慧大海！

☐ 小品般若波羅密經	220	☐ 解深密經・大乘密嚴經	200
☐ 金光明經・金光明最勝王經	280	☐ 大日經	220
☐ 楞伽經・入楞伽經	360	☐ 金剛頂經・金剛頂瑜伽念誦經	200
☐ 楞嚴經	200		

三昧禪法經典系列

☐ 念佛三昧經典	260	☐ 寶如來三昧經典	250
☐ 般舟三昧經典	220	☐ 如來智印三昧經典	180
☐ 觀佛三昧經典	220	☐ 法華三昧經典	260
☐ 如幻三昧經典	250	☐ 坐禪三昧經典	250
☐ 月燈三昧經典(三昧王經典)	260	☐ 修行道地經典	250

修行道地經典系列

☐ 大方廣佛華嚴經(10冊)	1600	☐ 中阿含經(8冊)	1200
☐ 長阿含經(4冊)	600	☐ 雜阿含經(8冊)	1200
☐ 增一阿含經(7冊)	1050		

佛經修持法系列

☐ 如何修持心經	200	☐ 如何修持阿閦佛國經	200
☐ 如何修持金剛經	260	☐ 如何修持華嚴經	290
☐ 如何修持阿彌陀經	200	☐ 如何修持圓覺經	220
☐ 如何修持藥師經-附CD	280	☐ 如何修持法華經	220
☐ 如何修持大悲心陀羅尼經	220	☐ 如何修持楞嚴經	220

守護佛菩薩系列

☐ 釋迦牟尼佛-人間守護主	240	☐ 地藏菩薩-大願守護主	250
☐ 阿彌陀佛-平安吉祥	240	☐ 彌勒菩薩-慈心喜樂守護主	220
☐ 藥師佛-消災延壽(附CD)	260	☐ 大勢至菩薩-大力守護主	220
☐ 大日如來-密教之主	250	☐ 準提菩薩-滿願守護主(附CD)	260
☐ 觀音菩薩-大悲守護主(附CD)	280	☐ 不動明王-除障守護主	220
☐ 文殊菩薩-智慧之主(附CD)	280	☐ 虛空藏菩薩-福德大智守護(附CD)	260
☐ 普賢菩薩-廣大行願守護主	250	☐ 毘沙門天王-護世財寶之主(附CD)	280

輕鬆學佛法系列

☐ 遇見佛陀-影響百億人的生命導師	200	☐ 佛陀的第一堂課-四聖諦與八正道	200
☐ 如何成為佛陀的學生-皈依與受戒	200	☐ 業力與因果-佛陀教你如何掌握自己的命運	220

洪老師禪座教室系列

☐ 靜坐-長春.長樂.長效的人生	200
☐ 放鬆(附CD)	250
☐ 妙定功-超越身心最佳功法(附CD)	260
☐ 妙定功VCD	295
☐ 睡夢-輕鬆入眠•夢中自在(附CD)	240
☐ 沒有敵者-強化身心免疫力的修鍊法(附CD)	280
☐ 夢瑜伽-夢中作主.夢中變身	260
☐ 如何培養定力-集中心靈的能量	200

禪生活系列

☐ 坐禪的原理與方法-坐禪之道	280
☐ 以禪養生-呼吸健康法	200
☐ 內觀禪法-生活中的禪道	290
☐ 禪宗的傳承與參禪方法-禪的世界	260
☐ 禪的開悟境界-禪心與禪機	240
☐ 禪宗奇才的千古絕唱-永嘉禪師的頓悟	260
☐ 禪師的生死藝術-生死禪	240
☐ 禪師的開悟故事-開悟禪	260
☐ 女禪師的開悟故事(上)-女人禪	220
☐ 女禪師的開悟故事(下)-女人禪	260
☐ 以禪療心-十六種禪心療法	260

密乘寶海系列

☐ 現觀中脈實相成就-開啟中脈實修秘法	290
☐ 智慧成就拙火瑜伽	330
☐ 蓮師大圓滿教授講記-藏密寧瑪派最高解脫法門	220
☐ 密宗的源流-密法內在傳承的密意	240
☐ 恆河大手印-傾瓶之灌的帝洛巴恆河大手印	240
☐ 岡波巴大手印-大手印導引顯明本體四瑜伽	390
☐ 大白傘蓋佛母-息災護佑行法(附CD)	295
☐ 密宗修行要旨-總攝密法的根本要義	430
☐ 密宗成佛心要-今生即身成佛的必備書	240
☐ 無死-超越生與死的無死瑜伽	200
☐ 孔雀明王行法-摧伏毒害煩惱	260
☐ 月輪觀•阿字觀-密教觀想法的重要基礎	350
☐ 穢積金剛-滅除一切不淨障礙	290
☐ 五輪塔觀-密教建立佛身的根本大法	290
☐ 密法總持-密意成就金法總集	650

其他系列

☐ 入佛之門-佛法在現代的應用智慧	350
☐ 如觀自在-千手觀音與大悲咒的實修心要	650
☐ 普賢法身之旅-2004美東弘法紀行	450
☐ 神通-佛教神通學大觀	590
☐ 認識日本佛教	360
☐ 仁波切我有問題-一本關於空的見地、禪修與問答集	240
☐ 萬法唯心造-金剛經筆記	230
☐ 覺貓悟語	280

禪觀寶海系列

- ☐ 禪觀秘要 1200
- ☐ 首楞嚴三昧-降伏諸魔的大悲勇健三昧 420

高階禪觀系列

- ☐ 通明禪禪觀-迅速開啟六種神通的禪法 200
- ☐ 十種遍一切處禪觀-調練心念出生廣大威力的禪法 280
- ☐ 四諦十六行禪觀-佛陀初轉法輪的殊勝法門 350
- ☐ 三三昧禪觀-證入空、無相、無願三解脫門的禪法 260
- ☐ 大悲如幻三昧禪觀-修行一切菩薩三昧的根本 380
- ☐ 圓覺經二十五輪三昧禪觀-二十五種如來圓覺境界的禪法 400

蓮花生大士全傳系列

- ☐ 蓮花王 320
- ☐ 師子吼聲 320
- ☐ 桑耶大師 320
- ☐ 廣大圓滿 320
- ☐ 無死虹身 320
- ☐ 蓮花生大士祈請文集 280

光明導引系列

- ☐ 阿彌陀經臨終光明導引-臨終救度法 350
- ☐ 送行者之歌(附國台語雙CD) 480

佛家經論導讀叢書系列

- ☐ 雜阿含經導讀-修訂版 450
- ☐ 異部宗論導讀 240
- ☐ 大乘成業論導讀 240
- ☐ 解深密經導讀 320
- ☐ 阿彌陀經導讀 320
- ☐ 唯識三十頌導讀-修訂版 520
- ☐ 唯識二十論導讀 300
- ☐ 小品般若經論對讀-上 400
- ☐ 小品般若經論對讀-下 420
- ☐ 金剛經導讀 220
- ☐ 心經導讀 160
- ☐ 中論導讀-上 420
- ☐ 中論導讀-下 380
- ☐ 楞伽經導讀 400
- ☐ 法華經導讀-上 220
- ☐ 法華經導讀-下 240
- ☐ 十地經導讀 350
- ☐ 大般涅槃經導讀-上 280
- ☐ 大般涅槃經導讀-下 280
- ☐ 維摩詰經導讀 220
- ☐ 菩提道次第略論導讀 450
- ☐ 密續部總建立廣釋 280
- ☐ 四法寶鬘導讀 200
- ☐ 因明入正理論導讀-上 240
- ☐ 因明入正理論導讀-下 200

離言叢書系列

- ☐ 解深密經密意 390
- ☐ 如來藏經密意 300
- ☐ 文殊師利二經密意 420
- ☐ 無邊莊嚴會密意 190
- ☐ 勝鬘師子吼經密意 340
- ☐ 龍樹二論密意 260

談錫永作品系列

- ☐ 閒話密宗 200
- ☐ 西藏密宗占卜法-妙吉祥占卜法（組合） 580
- ☐ 細說輪迴生死書-上 200
- ☐ 細說輪迴生死書-下 200
- ☐ 西藏密宗百問-修訂版 210
- ☐ 觀世音與大悲咒-修訂版 190
- ☐ 佛家名相 220
- ☐ 密宗名相 220
- ☐ 佛家宗派 220
- ☐ 佛家經論-見修法鬘 180
- ☐ 生與死的禪法 260
- ☐ 細說如來藏 280
- ☐ 如來藏三談 300

大中觀系列

- ☐ 四重緣起深般若-增訂版 420
- ☐ 心經內義與究竟義-印度四大論師釋《心經》 350
- ☐ 聖入無分別總持經對堪及研究 390
- ☐ 《入楞伽經》梵本新譯 320
- ☐ 《寶性論》梵本新譯 320
- ☐ 如來藏論集 330
- ☐ 如來藏二諦見 360
- ☐ 《聖妙吉祥真實名經》梵本校譯 390
- ☐ 《聖妙吉祥真實名經》釋論三種 390
- ☐ 《辨中邊論釋》校疏 400

甯瑪派叢書-見部系列

- ☐ 九乘次第論集-佛家各部見修差別 380
- ☐ 甯瑪派四部宗義釋 480
- ☐ 辨法法性論及釋論兩種 480
- ☐ 決定寶燈 480
- ☐ 無修佛道-現證自性大圓滿本來面目教授 360
- ☐ 幻化網秘密藏續釋-光明藏 560
- ☐ 善說顯現喜宴-甯瑪派大圓滿教法 650

甯瑪派叢書-修部系列

- ☐ 大圓滿心性休息導引 395
- ☐ 大圓滿前行及讚頌 380
- ☐ 幻化網秘密藏續 480
- ☐ 六中有自解脫導引 520

藏傳佛教叢書系列

- ☐ 章嘉國師(上)-若必多吉傳 260
- ☐ 章嘉國師(下)-若必多吉傳 260
- ☐ 紅史 360
- ☐ 蒙古佛教史 260
- ☐ 西藏生死導引書(上)-揭開生與死的真相 290
- ☐ 西藏生死導引書(下)-六種中陰的實修教授 220
- ☐ 西藏不分教派運動大師 390
- ☐ 西藏-上 360
- ☐ 西藏 下 450

密法傳承系列

- ☐ 天法大圓滿掌中佛前行講義中疏 680

頂果欽哲法王文選(雪謙)

□ 修行百頌-在俗世修行的101個忠告	260	□ 證悟者的心要寶藏-唵嘛呢唄美吽	280
□ 覺醒的勇氣-阿底峽之修心七要	220	□ 成佛之道-殊勝證悟道前行法	250
□ 如意寶-上師相應法	260	□ 明月-頂果欽哲法王自傳與訪談錄	650
□ 你可以更慈悲-頂果欽哲法王說明(菩薩37種修行之道)	350	□ 頂果欽哲法王傳-西藏精神(百歲紀念版)	650

精選大師系列(雪謙)

□ 遇見•巴楚仁波切-觸動心靈的真心告白	200	□ 大藥-戰勝視一切為真的處方	250

格薩爾王傳奇系列

□ 格薩爾王傳奇1-神子誕生	280	□ 格薩爾王傳奇4-爭霸天下	290
□ 格薩爾王傳奇2-魔國大戰	260	□ 格薩爾王傳奇5-萬王之王	280
□ 格薩爾王傳奇3-奪寶奇謀	280	□ 格薩爾王傳奇6-地獄大圓滿	290

山月文化系列

□ 西藏繪畫藝術欣賞-平裝本	480	□ 西藏健身寶卷	390
□ 西藏繪畫藝術欣賞-精裝本	680	□ 達瓦，一隻不丹的流浪犬	240
□ 西藏傳奇大師密勒日巴唐卡畫傳	580	□ 西藏格薩爾圖像藝術欣賞-上	480
□ 密勒日巴唐卡畫傳(精裝經摺本)	890	□ 西藏格薩爾圖像藝術欣賞-下	480

特殊文化之旅系列

□ 西藏吉祥密碼(上)-符號、顏色、動植物	260	□ 西藏《格薩爾》說唱藝人(附贈超值DVD)	350
□ 西藏吉祥密碼(下)-裝飾藝術、圖案、儀式	260	□ 西藏民間樂器(附贈西藏傳統音樂CD)	350
□ 西藏的節慶-拉薩篇	399	□ 西藏的節慶-各地采風篇	399

達賴喇嘛全傳

□ 五世達賴-第一函-上	380
□ 五世達賴-第一函-下	390
□ 五世達賴-第二函-上	250
□ 五世達賴-第二函-下	250
□ 五世達賴-第三函-上	220
□ 五世達賴-第三函-下	220
□ 四世達賴-雲丹嘉措傳	220
□ 三世達賴-索南嘉措傳	295
□ 二世達賴-根敦嘉措傳	220
□ 一世達賴 根敦珠巴傳	250

全套購書85折、單冊購書9折

(郵購請加掛號郵資60元)

全佛文化事業有限公司
新北市新店區民權路95號4樓之1
Buddhall Cultural Enterprise Co.,Ltd.
TEL:886-2-2913-2199
FAX:886-2-2913-3693
匯款帳號：3199717004240
合作金庫銀行大坪林分行
戶名：全佛文化事業有限公司

佛教小百科34

《佛教的神通》

主　編　洪啓嵩
執行編輯　蕭婉甄、劉詠沛、吳霈媜

出　版　全佛文化事業有限公司
永久信箱：台北郵政26-341號信箱
訂購專線：(02)2913-2199
傳眞專線：(02)2913-3693
發行專線：(02)2219-0898
匯款帳號：3199717004240　合作金庫銀行大坪林分行
戶名：全佛文化事業有限公司
E-mail：buddhall@ms7.hinet.net
http://www.buddhall.com

門　市　新北市新店區民權路95號4樓之1（江陵金融大樓）
門市專線：(02)2219-8189

行銷代理　紅螞蟻圖書有限公司
台北市內湖區舊宗路二段121巷19號（紅螞蟻資訊大樓）
電話：(02)2795-3656
傳眞：(02)2795-4100

二〇〇二年六月　初版
二〇一四年十月　初版四刷
定價新台幣　二九〇元
ISBN　978-957-2031-16-2（平裝）

Published by BuddhAll Cultural Enterprise Co.,Ltd.　Buddhall

國家圖書館出版品預行編目資料

佛教的神通 / 洪啓嵩著 - - 出版. --
臺北市 : 全佛文化, 2002[民91]
面 ;　公分. - (佛教小百科 ; 34)

ISBN 978-957-2031-16-2(平裝)

1.佛教 — 修持
225.87　　　　　　　　　91009300